Ernst Nebhut

FRANKFURTER STRASSEN UND PLÄTZE

Zeichnungen von Ferry Ahrlé

SOCIETÄTS-VERLAG

Mit 56 Zeichnungen von Ferry Ahrlé

Alle Rechte vorbehalten · Societäts-Verlag
©1974 Frankfurter Societäts-Druckerei GmbH
Typographie und Ausstattung Fritz Barkowsky
Druck Frankfurter Societäts-Druckerei GmbH
Einband Fritz Wochner, Horb
Printed in Germany 1974
ISBN 3 7973 0261 4

Inhaltsverzeichnis

6

Vorwort

Über Ernst Nebhut

»Guten Morgen, wir werden uns als nächstes die Berger Straße vornehmen« – und dann begann eine detaillierte Beschreibung der Topographie der Straße, die mit der Verabredung zum Lokaltermin endete.

Sechs Jahre lang waren die morgendlichen Gespräche mit Ernst Nebhut für mich ein freudiger Beginn des Tages und eine ciceronische Führung durch die Stadt am Main.

Seine Kenntnis aus Erlebnis und Studium von Geschichte und Geschichten konnte er so spannend und so humorig vermitteln, daß ich manchmal dachte, schon vor dem Ersten Weltkrieg gelebt zu haben. Für mich begannen die Steine, letzte Zeugen unserer alten Stadt, zu erzählen, und ich sah Bewohner ein und aus gehen, die lange nicht mehr unter uns sind.

Auf unseren gemeinsamen Gängen waren wir immer auf Entdeckungsreise.

Auch für die heutige Zeit hatte Ernst Nebhut einen wachen Blick. Er liebte die Menschen mit all ihrem Liebenswerten und mit ihren Schwächen. Er hörte viel zu und hatte ein großartiges Gedächtnis.

Fünf Bücher haben wir zusammen erarbeitet. Viermal waren dabei Frankfurt und seine Bürger der Mittelpunkt. Nur einmal entfernten wir uns vom Main und gingen mit Mozart auf Reisen. Hier gelang es Ernst Nebhut, bei einem von vielen Autoren behandelten Thema dem Menschen Mozart neue Seiten abzugewinnen.

Zur Musik und besonders zum Chanson hatte er eine Vorliebe. Für die großen Kabarettistinnen Claire Waldoff, Trude Hesterberg und Lotte Werkmeister hatte er seine Lieder geschrieben.

Seine eigentliche Liebe gehörte dem Theater. Oft erzählte er mir von der glücklichen Zusammenarbeit mit Just Scheu. Mit ihm und später, nach dessen frühem Tod, entstanden viele erfolgreiche Stücke: »Der Mann mit dem Zylinder«, »Ein Engel namens Schmitt«, »Die Preußen kommen«, um nur einige zu nennen. Sein liebstes literarisches Kind war das Drama »Der Stundenhändler«, das im Theater von Fritz Rémond uraufgeführt wurde.

In den letzten Jahren schrieb er Stücke für Liesel Christs Frankfurter Volkstheater – Beweise seiner Liebe zur erwählten Heimatstadt. Noch bis kurz vor seinem Tod arbeitete er an seinem letzten Stück »Die Kur in Wilhelmsbad«.

Typisch bei unserer Zusammenarbeit war für Ernst Nebhut, daß, während wir an einem Buch oder einem Straßenporträt arbeiteten, er schon Pläne für etwas Neues hatte.

All diese Arbeiten und auch seine Tätigkeiten als Rundfunksprecher und Journalist und, wenn es die Zeit erlaubte, als Maler wiesen ihn als vielseitigen Menschen aus, der seine Zeit genutzt hat.

Ferry Ahrlé

Historisches und Wunderliches am Domplatz

Wo Frankfurts Händler und Deutschlands Kaiser einst zum Lokalkolorit gehörten

Der Domplatz und seine Umgebung waren einmal die reinste Schatzkammer für Frankfurt-Liebhaber. Immer wieder fanden sie dort neue Schönheiten, soweit sie die nicht auf alten Stichen entdeckten. Da gab es zum Beispiel den Tuchgaden, zu seiner Zeit eine der berühmtesten Handelsstraßen der Welt. Dort drängten sich Buden und Verkaufsstände dicht zusammen. Es ging so turbulent zu, daß man mitunter sein eigenes Wort nicht verstand. Die damaligen Händler priesen ja ihre Waren so leidenschaftlich an, daß die späteren Marktschreier noch einiges von ihnen hätten lernen können.

Auch auf dem nahen Weckmarkt ging es recht bewegt zu. Dort gab es Brot und Backwaren. Ihr Einkauf war für die Frankfurterinnen schon immer ein Erlebnis, zumal sie sich über mangelnde Auswahl nicht zu beklagen hatten. Datscher, Mohnzöpp, Knippelcher, Kümmelweck, Wasserweck, für jeden Magen etwas. So schwören die verwöhnten Frankfurterinnen nach wie vor auf ihren Bäkker, wiewohl das Brot größtenteils Fabrikware geworden ist.

Allzu geruhsam dürfte es auf dem benachbarten Hühnermarkt auch nicht zugegangen sein. Dort boten kompakte Marktfrauen Eier und Geflügel an, und die Vertreterinnen dieser Branche zeichneten sich noch nie durch sanftes Wesen aus. Auf dem von prallem Volksleben erfüllten Hühnermarkt stand auch das Haus der Tante Melber, der Schwester von Goethes Mutter. Es war von außen und innen so puppenhaft, daß die Leute bis zu seiner Zerstörung gern einmal einen Blick hineinwarfen. Sie nahmen von dieser wunderlichen Behaglichkeit etwas mit. Auf dem Hühnermarkt war auch das Denkmal des Heimatdichters Friedrich Stoltze, das heute bei der Katharinenkirche zu finden ist. Wem fällt es dabei nicht ein, daß an Stoltzes Hühnermarktstammplatz noch das weiche und fast zärtliche Frankfurterische gesprochen wurde, in dem er gedichtet hat? Nur manchmal noch ist es in der Stadt zu hören, wie von weit her.

Öffentliche Operationen

Auf dem Garküchenplatz, auch in Domnähe, ereigneten sich aufregende Szenen. Er war sozusagen öffentlicher Operationssaal. Auf einem weithin sichtbaren Gerüst wurde Patienten der Star gestochen, Geschwüre entfernt und dergleichen mehr. Das widerfuhr den Ärmsten bei vollem Bewußtsein. Die Prozedur ging mit einem Aufwand vor sich, der die modernen Werbepraktiken als ausgesprochen harmlos erscheinen läßt. Trommelwirbel und Trompetenstöße leiteten die Schau ein. Mit ihrem lärmenden Spektakel wollten die Rummelplatzoperateure Interessenten für weitere Heilbehandlungen anlocken. Den sogenannten Zahnbrechern dürfte das schwergefallen sein. Ihre Kunden schrien meist so kläglich Zeter und Mordio, daß ihre Leidensgenossen das Weite suchten. Auf dem Garküchenplatz tummelten sich Quacksalber aus vielen Ländern. Auch der legendäre

Das Portal vom Pfarrhaus am Domplatz

Doktor Eisenbart gab dort Gastspiele. In Spottversen wurde er als marktschreierischer Tölpel verhöhnt. Es gibt aber auch Stimmen, die ihn einen begnadeten Chirurgen nennen.

Außer dem Gotteshaus selbst sind keine Bauten von Rang um den Domplatz herum stehengeblieben. Ihren Dom verdanken die Frankfurter einer seltsamen Fügung, dem Ärger, den Ludwig der Deutsche mit seinem Sohn hatte. Aus Freude über die Aussöhnung mit seinem Sprößling ließ er ihnen die Stiftskirche Sankt Bartholomäus bauen. Es besteht allerdings keine Einigkeit darüber, wem die Ehre der Domgründung zukommt. Manche billigen sie Karl dem Großen zu, was durchaus begreiflich ist, denn der große Karl wird hierzulande als eine Art Stammesfürst betrachtet.

Der Frankfurter Dom hat oft eine schicksalsschwere Rolle in der deutschen Vergangenheit gespielt. Bombastische historische Darstellungen zeigen es. Es gibt aber auch heitere Erinnerungen an die Krönungstage, ganz abgesehen davon, daß sich das Volk vor den Augen der Majestäten bei Wein und Ochsenbraten herumbalgte, als handele es sich um eine aus den Fugen geratene Bauernhochzeit. Spaßig war jedenfalls auch, was bei der Krönung des ersten Franz geschah. Der feierliche Akt war vorüber, seine Frau Maria Theresia erwartete ihn, um ihn im Besitz seiner neuen Würde zu bewundern.

Als sie ihren Gatten in dem steifen Ornat mit Reichsapfel und Zepter gewahrte, glaubte sie – laut Goethe –, das Gespenst Karls des Großen zu sehen, und lachte unbändig. Der Erlauchte schwenkte daraufhin seine Insignien, nicht anders als ein mittlerer Beamter, der seiner ihn erwartenden Frau durch Gesten zu verstehen gibt, daß er befördert worden ist.

Ein Wink vom Himmel

Für Generationen von Frankfurter Kindern war der Dombrand die Summe allen Schreckens, die über eine Stadt kommen konnte. Bilder mit wüsten Farben verfolgten sie bis in den Schlaf. Am Abend des 14. August 1867 stand das Gotteshaus in Flammen. Ein verhängnisvoller Zufall wollte es, daß am nächsten Tag König Wilhelm von Preußen zu Besuch in die Stadt kam. Er wollte sich Preußens jüngste Akquisition, die reiche Stadt am Main, einmal in Muße anschauen. Die Frankfurter hatten die Preußen noch nie als Glücksbringer betrachtet. Jetzt aber kamen ihnen düstere Gedankengänge. Dombrand und hinterher Monarchenbesuch, wenn das kein Wink vom Himmel war.

An einem Eckhaus in der Nachbarschaft vom Dom fiel eine goldene Waage auf, die von einem Arm aus getriebenem Kupfer gehalten wurde. Anschaulicher konnte wohl auf den Reichtum des Besitzers nicht hingewiesen werden. Abraham van Hamel, seines Zeichens Zuckerbäcker, hatte das Haus aus dem siebzehnten Jahrhundert allerdings mit allem Luxus ausgestattet. Das erregte den Ärger seiner Mitbürger. Sie behaupteten, der Süßigkeitenkrämer würde durch seine Üppigkeit ein schlechtes Beispiel geben. Daß der gottesfürchtige Mann seine Gemächer mit Darstellungen aus dem Alten Testament schmückte, konnte man ihm allerdings schwerlich als zersetzende Verschwendung auslegen. Auf der Goldenen Waage befand sich auch ein Belvederchen. So nannten die Frankfurter liebevoll ihre Dachgärten. Sie waren höchst romantische Zufluchtstätten über den spitzen

Dächern der Innenstadt. Es wird sogar behauptet, daß die Frankfurter Geschäftemacher dort ihre Hauptbücher und Bilanzen vergessen konnten.

Eine ausgesprochene Zuneigung der Frankfurter gehörte dem Heinerhöfchen. Es entstand als eine Niederlassung des hessischen Klosters Hayna. Bernhard von Clairvaux soll dort einmal zum Kreuzzug aufgerufen haben. Heilige, so hieß es ferner, seien dort Stammgäste gewesen. Auf dem Plätzchen mit seinen wundersamen Geschichten gab es in späteren Jahren oft genug ein Wunder. Das fand in einer behaglichen Weinwirtschaft statt. Dort herrschte eine Stimmung, die in den alten Mauern zu nisten schien.

Selbstherrliche Frankfurter sind womöglich frustriert, wenn sie nach dem Alter ihrer Stadt forschen. Sie suchen vergeblich nach Zeugnissen für ein imponierendes Geburtsdatum. Sie werden sogar mit der peinlichen Überraschung konfrontiert, daß Vororte wie Rödelheim, Ginnheim oder Preungesheim in Urkunden früher erwähnt wurden als die stolze Kaiserstadt. Lumpige Nester mag sie mancher von sich eingenommene Frankfurter Bürger genannt haben, wenn er mit seinem Landauer hindurchfuhr. Ein Spaziergang zum Domplatz kann einen vom Quellenstudium Enttäuschten wiederaufrichten. Dort trifft er auf eine Baugrube, von deren Existenz er bisher womöglich keine Ahnung hatte. Er schaut auf Mäuerchen, die spielende Kinder mit rührendem Fleiß zusammengebastelt haben könnten. Allein diese fast niedlich anmutenden Funde beweisen, daß sich Frankfurt, was das Alter angeht, vor seinen Trabanten nicht zu verstecken braucht. Scherben ließen den Nachweis zu, daß die Kaiserpfalz ursprünglich auf dem Domhügel gestanden hat. Nebenbei wurde dort eine römische Wärmeanlage entdeckt, offenbar hatte sich die römische Besatzungsmacht auf Frankfurter Boden bereits häuslich eingerichtet.

Magnet für Augen

Auf dem Domhügel sieht es heute wie in anderen Stadtteilen aus. An der Nordseite zieht das Pfarrhaus mit seinem rotleuchtenden Portal die Blicke an. Das gilt auch von einem Geschäft, in dessen Auslagen Kirchengewänder mit ihren bezwingend tiefen Farben zu sehen sind. Besinnung geht von der Kreuzigungsgruppe aus, die auf einer schmalen Grünfläche am Dom steht.

Nicht gerade im Sinn der Domgegend wirbt ein mächtiger Stierkopf an einer Hauswand für ein argentinisches Steaklokal. Auf Altstadtfreunde neuerer Prägung reflektiert offenbar auch ein Restaurant, das Wiener Lebensfreude verspricht. Hingegen weckt der Name »Storch« Erinnerungen an Alt-Frankfurter Wirtshausbehaglichkeit.

Zwischen all den Objekten von früher und heute scheint sich eine Ruine schamhaft verstecken zu wollen. Es handelt sich um den Rest des vielgerühmten Leinwandhauses. Durch Mauerstücke schaut man auf ein häßliches Durcheinander. Als hätten die Bomben dem Gebäude nicht genug angetan!

Das Rathaus

Der Kaiser wollte es pompös / Doch Frankfurter bauten es mit bissigen Details

Die Umgestaltung von Römer und Rathaus in den Jahren 1898 bis 1904 brachte die Frankfurter in helle Aufregung. Schließlich handelte es sich dabei um ihre beste Stube, in der nun so manches umgekrempelt werden sollte. Sogar der deutsche Kaiser schaltete sich in den Streit der Meinungen ein. Wenn es nach ihm gegangen wäre, hätte die Fassade vom Römer ein ausgesprochen pompöses Aussehen bekommen. Allein die Frankfurter widersetzten sich den allerhöchsten Wünschen. Sie standen schon immer mit beiden Beinen auf der Erde und entschlossen sich daher zu einer einfacheren Formgebung.

Wegen der neuen Verwaltungsgebäude mußte eine Brücke über die Bethmannstraße gebaut werden. Nun erfanden die Frankfurter aber gern Scherzworte für alles, was in ihrer Stadt passierte. So nannten sie die Überführung in der Bethmannstraße nach dem Muster von Venedig sehr bald die Seufzerbrücke.

Der kühn geschwungene Brückenbogen wird auf der Südseite von zwei riesigen Hermen gehalten. Auch an ihnen haben die Frankfurter ihren Witz ausgelassen. Die zwei alten Herren, so hieß es, würden sich den neuesten Börsenwitz erzählen. Um die Börse drehten sich ja im alten Frankfurt viele lustige Geschichten. Außerdem konnte man sich an dem Mienenspiel der »zwei Alten« gut vorstellen, daß sie Späße machten.

An der Nordseite der Brücke ruht die Last des Rundbogens auf den Schultern von zwei Faunen. Die beiden Figuren sind mit den Abzeichen der Gärtner und Fischer dekoriert.

Durch den Sandsteinbogen schaut man vom Paulsplatz aus auf den südlichen Verwaltungsbau und den sogenannten Langen Franz, den großen Eckturm. Dort wie überall am Rathaus kann man manches aufspüren, was bei oberflächlicher Betrachtung nicht auffällt. Es handelt sich dabei zum Teil um recht amüsante Entdeckungen. Äußerst seriös wirken allerdings die Bronzegestalten, die unter Baldachinen das Portal des Südbaus flankieren. Die beiden sind Johann Wilhelm Dilichs, der Erbauer der Stadtbefestigung, und Konrad Kolen, von dem die Portale im Römerhof stammen.

Über dem Eingang des Gebäudes befindet sich ein besonders reizvoll gestaltetes Frankfurter Wappen. Daneben sind die Schöpfer der neuen Rathausbauten zu sehen. Franz vom Hoven und Ludwig Neher. An einem Obergeschoß präsentiert sich wiederum die Freude der Frankfurter an launigen Einfällen. Von dort schauen die Vertreter populärer Gewerbe herunter, die Metzger mit ihren Würsten, die Bäcker mit Brezeln und die Bierbrauer mit Hopfenstangen. Den Dreien hat man spaßhafterweise die Züge von Persönlichkeiten gegeben, die damals fast jeder in der Stadt kannte.

Der Lange Franz, auf den ebenfalls der Blick vom Paulsplatz aus fällt, ist vom Volksmund zum Gedenken an den verdienstvollen Oberbürgermeister Franz Adickes so getauft worden. Dem weit niedrigeren anderen Eckturm haben die Frankfurter den Ulknamen »Der kleine Cohn« gegeben.

Das Modell für den Langen Franz war der Sachsenhäuser Brückenturm, der 1765 abgerissen wurde. Im Krieg hat der neue Turm seine von Türmchen gezierte Spitze verloren und sieht daher nun recht nüchtern aus. Geblieben sind ihm die Großmosaikbilder des heiligen Florian mit prächtiger Goldrüstung und des heiligen Michael im Kampf mit dem Lindwurm. Auch seine beiden Uhren sind noch da. Auch ihnen haben die Frankfurter eine Art Kosenamen angedichtet. Die eine nannten sie nach Goethes Mutter »Frau Aja«, die andere nach seiner Schwester »Cornelia«.

Durchgang in der Bethmannstraße

Am Römer hängen die Bilder der Vergangenheit

Doch der Platz hat ohne die Häuser an der Ostseite seinen Charakter verloren

Wenn die Frankfurter in Sydney oder auch in Boston an ihre Heimatstadt denken, sehen sie auch den Römer vor sich. Vielleicht hat dieser oder jener ihn noch nie von innen betrachtet, aber er ist für die Frankfurter nun einmal ein Schmuckstück, an dem sie besonders hängen, weil es wie durch ein Wunder nicht verlorengegangen ist. Auch Leuten mit träger Phantasie zaubert schon der Name des Römers Gedanken an Sehenswürdigkeiten wie Kaisersaal und Kurfürstenzimmer hervor. Auch an dem Platz selbst hängen so viele Bilder der Vergangenheit, der Glanz der Krönungstage und rauschende Volksfeste unter den Augen der huldvollen Herrscher.

Mit der Geschichte des Römers verbanden sich schon früh die oft zitierten und auch belächelten Frankfurter Merkwürdigkeiten. Ausgerechnet das reiche Frankfurt sträubte sich dagegen, ein eigenes Rathaus zu bauen. Schließlich genügte es doch, wenn man das Haus der Familie zum Römer kaufte, das für achthundert Gulden zu haben war. Natürlich mußte dann immer wieder daran herumgebastelt werden, so daß hinter den drei gotischen Giebeln fast alle Stilarten zusammenkamen. Mit seinen Höfen, Gängen, Treppen, Durchgängen und Toren wurde der Römer auf diese Art zu einem Irrgarten, einem sehr reizvollen allerdings.

Neben dem Römer prägt die Nikolaikirche das Gesicht des Platzes. Mit ihrem minarettschlanken Turm besitzt sie eine eigenartige Schönheit, ohne den betonten Ernst anderer Gotteshäuser. Verrät sie damit, daß sie einmal eine Hofkirche war? Nach den Königen gingen die Herren vom Rat dorthin beten. Von der Nikolaikirche ist ein gemütvoller Brauch überliefert. Ihr Turmwächter hatte feierlich davon Notiz zu nehmen, wenn das Marktschiff nach Mainz abfur. Er blies eine Melodie, deren Textanfang lautete: »In Gottes Namen fahren wir«. Die Kirche ist offenbar auch heute noch auf Erbaulichkeit bedacht. Dreimal am Tag läßt sie ihr Glockenspiel über den Platz ertönen, um allzu geschäftige Zeitgenossen zur Besinnung zu bringen. In einer Front mit dem Römer standen noch einige wertvolle Häuser, die zerstört worden sind. Die Frankfurter erinnern sich wohl besonders an die, an deren Fassaden die reinste Filigranarbeit von Holzschnitzereien zu sehen war.

Auch dem Römer gegenüber stand eine malerische Wand imposanter Bürgerhäuser. In einem befand sich die populäre Apfelweinwirtschaft von Heyland. Eigentlich war es mehr ein Versammlungsraum für hundertprozentige Einheimische, die Fremden kamen nur zur Besichtigung dorthin. Lebensweise Heiterkeit war sozusagen vorgeschrieben. Originale waren geduldet. Die Frankfurter möchten ja alles andere als Serienprodukte sein. Ein Sonderling, der manchmal zum Frühschoppen erschien, hatte sämtliche Bahnstationen Europas im Kopf. Man brauchte ihm nur das Stichwort Frankfurt–Petersburg zu geben, und schon legte er los.

Ganz anders ging es im »Schwarzen Stern« zu. Die kleinen Räume mit den alten Möbeln und Bildern sorgten für eine noble Behaglichkeit, zu der auch erlesene Weine und die Spezialitäten des Hauses beitrugen. Es gab Leute, die mit spürbarer Betonung vom Soupieren sprachen, wenn sie in

Der Römer – Blick aus einem Schaufenster

den »Schwarzen Stern« wollten. Es gehörte zu den Annehmlichkeiten des Lokals, daß man von Zeit zu Zeit einen Blick auf den in den Abendstunden so reizvollen Römerberg werfen konnte.

Im Jahr 1932 entschloß man sich, den hundertsten Todestag von Johann Wolfgang Goethe durch Aufführungen des »Urgötz« und des »Egmont« auf dem Römerberg besonders würdig zu feiern. Daraus entwickelten sich die Festspiele mit dem Namen des Platzes. Festspiele waren allerdings etwas hochgegriffen. Die Frankfurter waren nämlich der Ansicht, der Römerberg sei ihre ureigenste Bühne, und wenn da die Waffen klirrten und die Fahnen flatterten, würde das alle Leute in der Altstadt angehen. In der Nachbarschaft brauchte man ja nur die Fenster zu öffnen, und Ellen Daubs heroisch gefärbte Stimme war vernehmbar. Auch Schomberg war kein flüsternder Held und schreckte die Menschen in den schmalen Gassen mitunter auf. In manchen Kneipen wurden die Fenster auf die Minute sowieso aufgemacht. Die Gäste wollten sich das handfeste Zitat des Berlichingen nicht entgehen lassen. Es paßte mitunter auch zu dem Verkehrston an einigen Biertischen.

16

Auf einen alten malerischen Platz gehört ein echtes Marktleben. Darüber hatte der Römerberg früher nicht zu klagen. Die dortigen Marktfrauen erwarben sich sogar Verdienste um die Folklore. Sie bewahrten die unverfälschte Frankfurter Mundart. Die kam am stilreinsten zum Vorschein, wenn sie sich über die verwöhnte Kundschaft geärgert hatten.

Der Weihnachtsmarkt auf dem Römerberg war einmal ein beschauliches Frankfurter Familienfest. Heute erscheint er wie eine Mischung von Rummelplatz und auf Tradition frisiertem Einkaufscenter. Wie abenteuerlich ging es noch zu, als in den kleinen Buden die Karbidlampen brannten. Ein kräftiger Windstoß vom Main her konnte die ganze Lichterherrlichkeit auslöschen, was nur für die Buben ein Mordsspaß war. Dazu hielten es die Frankfurter für ihre Bürgerpflicht, sich einmal auf dem Christkindchesmarkt sehen zu lassen. Die noblen Herrschaften ließen ihre Equipagen in der Nähe halten und wanderten durch die schmalen Gassen, als wäre das alles wieder ganz neu für sie. Womöglich half der Himmel noch ein bißchen nach und ließ Schnee auf die Altstadt fallen. Wenn das gar an einem Heiligen Abend geschah, gab es auf dem Römerberg nicht selten nasse Augen. Dort sangen dann die Waisenkinder von der Nikolaikirche herunter.

Die grauen Herbsttage passen nicht so recht zu dem Römerberg. Er scheint in diesen Tagen vergessen zu sein. Immerhin erschienen zwei junge Engländerinnen und wollten von dem sogenannten Hochzeitspförtner wissen, wie sie zum Steinernen Haus kämen. Das hätten sie bei der Auskunftsstelle Römer, die danebenliegt, bequemer haben können. Dorthin kommen manche informationsbedürftige Fremde, wiewohl die Stelle an sich dafür da ist, den Frankfurtern selbst überflüssige Wege und langes Herumfragen zu ersparen. In dem Haus Nummer 32 ist auch die zum gleichen Amt gehörende Presseabteilung. Der von den Engländerinnen befragte Wächter an der Schwelle zum Eheglück fror ein wenig in seiner strahlend blauen Uniform. Gerade kam wieder eine Hochzeitsgesellschaft vom Trausaal die alte Kaisertreppe herunter, doch von dieser Ehre ahnten die aufgeräumten Herrschaften offenbar nichts. Passanten blieben neugierig stehen und schwärmten für die schöne Neuvermählte, als ob nicht jede an dem Tag schön wäre. Kameras wurden für das Familienalbum gezückt. Auf einem Autokühler hing ein mächtiger Blumenstrauß. Dagegen sind Hochzeitskutschen mit den obligaten Schimmeln rar geworden. Zu den Zeichen der neuen Zeit gehört auch, daß sich Vietnamesen auf dem Römerberg trauen lassen.

Ein Antiquitätengeschäft gehört auf den Platz mit so viel Vergangenheit. Sein Besitzer Andreae kann Altfrankfurter Geschichten erzählen, die zwischen den barocken Möbeln auf seltsame Weise wohltun. Bei einer geht es um einen Weinhändler, der exakte Vorsorge für den Fall traf, daß er als Scheintoter begraben würde. Statt Wein war allerdings nur Wasser bereitgestellt. Hinterher stimmt ein Blick in Richtung Dom keineswegs heiter. Verlorene Buden stehen unter dem bleiernen Himmel herum. Ein herrenloses Schaukelpferd, das »Gott weiß wie« dahin geraten sein mag, wirkt geradezu makaber.

Ohne die Häuserfront an der Ostseite hat der Römerberg seinen Charakter verloren, seine einzigartige Heimlichkeit in den Mondnächten. Er scheint auf den nächsten Sommer zu warten, da wird er wieder zum Schaufenster der Stadt. Auf den warten sicher auch die Geschenklädden, die alles verkaufen, was nach Ansicht vieler Ausländer das deutsche Gemüt erfreut. Doch der heitere Frühschoppen bei Heyland und die genußreichen Stunden im »Schwarzen Stern« sind vergangen.

Das Karmeliterkloster

Ablaßgelder finanzierten Klosterbau

Im Jahr 1247 kamen die Karmeliter nach Frankfurt. Sie waren äußerst rührig. Schon 1260 begannen sie damit, in der Mainzer Landstraße Kloster und Kirche zu bauen. Doch mit dem Gelände, das ihnen zur Verfügung stand, gaben sie sich nicht zufrieden. Das erregte wiederum bei der Stadt großes Mißfallen. Der Orden fand indessen Unterstützung bei den noblen Geschlechtern. Die lagen sich mit den Bürgern ja auch immer in den Haaren. Bauen kostete schon damals viel Geld. Daher besannen sich die Karmeliter auf einen lohnenden Erwerb. Sie erteilten Ablaß. Das Geschäft florierte so gut, daß die Ordensbrüder 1469 einen neuen Kreuzgang bauen konnten. Sie kamen auch zu einer ansehnlichen Bibliothek und zu wertvollen Gemälden.

Der Orden bekam mancherlei Zuwendungen von Leuten, denen die Mönche bei der Erlangung des Seelenheils behilflich sein sollten. Eine ältere Dame vermachte ihm ein Kleinod aus Silber, mit dem ein Marienbild geziert wurde. Allein sein Prior brachte dem generösen Geschenk wenig Achtung entgegen. Er veräußerte das kostbare Stück und steckte auch noch den Erlös in die eigene Tasche.

Von den im Mittelalter zahlreich wütenden Feuersbrünsten blieben die Frankfurter Karmeliter nicht verschont. Im Jahr 1638 brannten große Teile des Klosters nieder. Schuld daran war die Unachtsamkeit eines Priors. Er vergaß es, in seiner Zelle einen brennenden Wachsstock auszulöschen, bevor er sich schlafen legte. So geschah das Unglück, das ihm selbst und mehreren Mönchen das Leben kostete.

Im Jahr 1726 wurde das Kloster, das nebenbei großen kulturellen Ehrgeiz entwickelte, von einer neuen Brandkatastrophe betroffen. Es gab eine große Aufregung in der Stadt, und die Bürger wurden zum Löschen alarmiert. Der Offizier, der die Löscharbeiten kommandierte, war ein Muster von rabiater Gesinnung. Während die Flammen im hinteren Teil des Bauwerks wüteten, erklärte er laut und deutlich, seineswegen könnten die Pfaffen ruhig verbrennen. Diese lästerlichen Worte kamen dem kaiserlichen Kommissar Graf Schönborn-Wiesentheid zu Ohren. Dieser Edelmann war empört darüber. Er befahl, daß der unverantwortliche Schwätzer mit fünfzig Stockschlägen bestraft würde. Das Peinliche für den Herrn Offizier war, daß ihm die Tracht Prügel von einfachen Soldaten verabreicht wurde.

Eine große Zeit für das Kloster begann, als Kaiser Franz I. die Karmeliter von jeder weltlichen Gewalt befreite. Es kamen jedoch auch Schicksalsschläge anderer Art. 1802 wurde das Kloster vom Rat der Stadt ganz einfach aufgehoben. Die Mönche hatten es allerdings inzwischen zu Wohlstand gebracht. Unter anderem besaßen sie in Hochheim bedeutende Weingüter. Die gingen 1803 samt Kloster und Kirche in städtisches Eigentum über. Jedenfalls kam es zu dem Kuriosum, daß die Stadt des Apfelweins Besitzerin von Rebstöcken wurde, aus denen man mit die edelsten Sorten von Rhein und Main keltert.

Kloster und Kirche haben im Lauf der Jahrhunderte die eigentümlichsten Erlebnisse gehabt. So war die Stätte von Einkehr und Erbauung eine Zeitlang Kaserne. Zu einem Warenlager wurde sie auch einmal degradiert. Schließlich mutet es wie ein makabrer Scherz an, daß die Feuerwehr ausgerechnet in einem Bau stationiert wurde, der selbst von Bränden so oft heimgesucht worden war. Auch das geschah zeitweilig.

Zu Ehren kam das Kloster, als in den Nachkriegsjahren in seinen Mauern Theater gespielt wurde. Es waren sogar recht stimmungsvolle Aufführungen, die in dem würdigen Kreuzgang in Szene gingen.

Kreuzgang im Karmeliterkloster

Salon des geistigen Europa

Der Kornmarkt und die Buchgasse

Zwischen der Leonhardskirche und der Katharinenpforte wurde viele Jahre ein Fruchtmarkt abgehalten. Bis ins achtzehnte Jahrhundert kauften die Frankfurter da ihr Korn für den Haushalt. Das hat der Straße ihren Namen gegeben. Man unterschied früher einen Großen und einen Kleinen Kornmarkt, dazu kam ein unteres Stück bis zur Leonhardskirche, das seit 1500 die Buchgasse heißt.

Der Kornmarkt war einmal die Straße der prächtigen Bürgerpaläste. Manche ihrer Besitzer haben eine wichtige Rolle in der Geschichte der Stadt gespielt, zu denen sind auch die Stalburgs zu zählen. Ihr imposantes Patrizierhaus stand schon im Jahre 1496 auf dem Kornmarkt. In den Neubau mit seinem noblen Klassizismus zog 1793 die evangelisch-reformierte Gemeinde. Ihre Mitglieder mußten bis dahin ihren Gottesdienst in dem hessischen Dorf Bockenheim abhalten. Nun gewährte ihnen der Rat der Stadt Frankfurt Unterkunft im Kornmarkt. Seine Toleranz hatte allerdings Grenzen. Einen Kirchturm und Glocken durften die Reformierten nicht haben.

Ein wahrer Ritterbau trug nach seinem Besitzer den Namen »Zum Frosch«. Nach den reichen Goldsteins hieß das Haus »Zum Großen Goldstein«. Feine klassizistische Linien zeigte auch der »Große Korb«, der zu den wertvollsten Bauten der Straße gehörte. Das galt auch von einem Haus, an dessen Fassade die elegante Hand des renommierten Baumeisters Salins de Montfort zu erkennen war. Vor ihm spielte sich ab, was gut in einen historischen Gartenlauberoman gepaßt hätte. In der Dunkelheit schlich sich ein junger Mann heran und schaute in ein erleuchtetes Fenster. Nach stillem Verweilen verschwand er wieder in der Dunkelheit. Hinter dem Fenster saß ein hübsches Mädchen vor einem Flügel. Der nächtliche Späher war Wolfgang Goethe, das klavierspielende Mädchen Lili Schönemann. Das Haus, vor dem sich die Szene abspielte, hieß »Liebeneck«. Die kapriziöse Bankierstochter, der dieser elegische Dichterauftritt galt, heiratete später einen Mann aus Straßburg.

Die schmale Buchgasse hat eine besonders reiche Vergangenheit. Sie war einmal eine Art Waffenschmiede, bis die Harnischmacher von den Druckern und Buchhändlern abgelöst wurden. Nach 1500 wurde in der Gasse zweimal im Jahr eine gutbesuchte Buchmesse abgehalten. Später wanderte der große Buchhandel nach Leipzig ab. Während seiner Blütezeit in Frankfurt waren die Egenolffs, Drucker und Schriftgießer, wie auch der einflußreiche Buchhändler Varrentrapp in den alten Straßen ansässig.

Anlaß, sich mit ihm zu beschäftigen, gab ein Gasthof, der unter den Namen »Der Strauß« bekannt war. Zu seinen berühmten Gästen zählte auch Martin Luther, der dort vor und nach seiner Reise zum Wormser Reichstag wohnte. Eines Tags wartete der »Strauß« mit einer Sensation auf, einem lebenden Strauß. Sein Abbild schmückte nebst einem einschlägigen Gedicht die Hauswand. Später war das Konterfei des Vogels an der Mauer des Bethmannhofs zu sehen. Das wieder aufgebaute Bankgebäude an der Buchgasse erinnert im übrigen an einen Frankfurter, dem Chronisten bescheinigten, daß er wie kein anderer an seinen Mitbürgern Gutes getan habe. Simon Moritz Beth-

Kornmarkt und Buchgasse

mann, um den handelt es sich, wurde 1808 in den österreichischen Ritterstand erhoben. Maria Theresia sprach ihm brieflich ihr allerhöchstes Zutrauen aus, was sich so auswirkte, daß er ihr eine enorme Geldsumme leihen durfte. Mit Bismarck unterhielt sich der standesbewußte Handelsherr prinzipiell über Pferde. Immerhin hielt er den bedeutenden Staatsmann auf dem Gebiet für kompetent.

Zahlreiche Nebenstraßen gingen schon früher vom Kornmarkt ab, die Münzgasse, die Weißadlergasse, die Große Sandgasse, die Schnurgasse und die Bleidenstraße. Sie gaben dem Viertel ein verwirrend malerisches Aussehen, das ein wenig an das pittoreske Gewirr in altitalienischen Städten erinnerte.

In der Sandgasse stand das Stammhaus der Brentanos. Die Haustochter Bettina beschreibt es in ihren Briefen mit einer liebevollen Sorgfalt. Wir erfahren auch, daß dort der »Salon des geistigen Europa« anzutreffen war.

21

Immerhin gehörten Goethe, Dalberg, die Brüder Grimm und der Freiherr vom Stein zu dem Kreis der Besucher, was diese anspruchsvolle Formulierung zu rechtfertigen scheint. Nachbar der Brentanos war die Naumann'sche Druckerei. Dem nüchternen Bau sah man nicht an, daß da Kunstwerke entstanden, die Briefmarken der Thurn und Taxis'schen Post.

An die Buchgasse stoßen die Mauern vom Rathaus. Hier hat die Freude der Frankfurter am Fabulieren Objekte gefunden. Den hohen Turm tauften sie nach ihrem populären Bürgermeister Franz Adickes den »Langen Franz«. Die kleineren Türme hießen im Volksmund Elisabeth und Cornelia, nach der Mutter und Schwester Goethes. Den Rathausübergang nannten die Frankfurter die Seufzerbrücke. So blieben für ihre übermütige Phantasie nur die zwei steinernen Gestalten übrig, die, einander zugeneigt, auf ihren Schultern die Brücke tragen. Von ihnen wurde behauptet, sie würden sich Börsenwitze erzählen.

Es wäre noch zu erwähnen, daß in der Straße der noblen Patrizierhäuser auch einmal schöne Brunnen zu finden waren. An dem Elisabethenbrunnen hatten die Nachbarn besonders viel Freude. Der Brunnenmeister mußte ihnen bei seinem Abschied Wein spendieren, den Kindern Brezeln.

An der Katharinenpforte steht die protestantische Hauptkirche der Stadt; ursprünglich Frauenkloster und Spital. Wolfgang Goethe ist da konfirmiert worden. In der Kirche gab es einmal einen amüsanten Zwischenfall, wie er für ein Gotteshaus nicht gerade alltäglich sein dürfte. Sie wurde von Mozart während seines Aufenthalts in Frankfurt besucht. Es war ihm gestattet worden, auf der Orgel zu spielen. Dabei ging dem Meister die Phantasie in vehementer Weise durch. Entsetzt eilte der Organist herbei und zerrte ihn von der Orgelbank, wobei er ärgerlich meinte: »Das will nun ein berühmter Mann sein!«

Ein Kuriosum in der heutigen Straße: Im Hinterzimmer eines Kaffeegeschäfts finden, soweit Platz ist, Kunstausstellungen statt. Die neue Zeit repräsentiert sich in der alten Straße eindrucksvoll durch ein Garagenhochhaus. Auch hinter der Katharinenkirche treffen sich die Jahrhunderte. Da sitzen an Kaffeetischen junge Leute nahe der Mauer mit den Wappen der Geschlechter, die in der Kirche ihre Grabstätten fanden.

Eine Bank, die wie ein Gutshof aussieht

Die Bethmannstraße und ihre Umgebung

Die Bethmannstraße geht vom Paulsplatz aus. Dort trifft man hier und da Leute, die offenbar auf den Spuren deutscher Träume von ehedem sind. Das Einheitsdenkmal aus Kelkheimer Kalkstein gibt ihnen Anregung hierzu. Früher zierte eine Bronzegruppe den zur Einheit mahnenden Obelisk. Sie wurde 1942 als Kriegsmaterial verwendet. Damit lag es in der Luft, daß es mit der deutschen Einheit ein schlimmes Ende nehmen werde.

Die Paulskirche selbst gleicht trotz ihres strahlenden Turmkreuzes mehr einem Monument als einem Gotteshaus. 1796 war ihr Rohbau fertig. Er stand so lang unberührt da, bis Moos an seinen Mauern wucherte und Sträucher aus seinen Fensterhöhlen wuchsen, kein glückliches Vorzeichen. Es diente auch keineswegs dem Ruf des unfertigen Gotteshauses, daß Madame Blanchard dort gegen Eintrittsgeld den Ballon sehen ließ, mit dem sie einen Taunusflug unternommen hatte.

1848 tagte in der endlich vollendeten Paulskirche die Deutsche National-Versammlung. Man hörte bei ihren Sitzungen Reden, die wert waren, in die deutsche Literatur einzugehen. Alles in allem verhallten sie, und das lag nicht nur an der erwiesenen schlechten Akustik.

Abgeordnete des ersten deutschen Parlaments zogen schlichte Jagdröcke an, um dem Volk näher zu sein. Offenbar ging ihre Rechnung nicht auf. Es wurden Flugblätter verteilt, in denen die Leute angehalten wurden, eifrig Seile zu flechten, an denen man die Parlamentarier aufhängen wollte; ein rauhes Begehren in empfindsamer Zeit. Immerhin waren an den entsprechenden Sitzplätzen auf Messingschildern die Namen berühmter Abgeordneter wie Ernst Moritz Arndt, Ludwig Uhland und Robert Blum noch lang zu lesen. Sie wurden im Feuersturm eines Krieges zerstört, der die von jenen Männern erträumte Demokratie wiederherstellen sollte.

Da war noch manches, was nach Komödie aussah. So wollten die Frankfurter Volksmänner den preußischen König Friedrich Wilhelm IV. zum deutschen Kaiser machen. Der war aber nicht für eine Krone zu haben, die ihm von Demokraten und Barrikadenkämpfern angeboten wurde.

Der Heiterkeit entbehrte auch nicht, was 1850 bei einem Friedenskongreß geschah. Ein Indianer überreichte am Ende seiner Rede eine Friedenspfeife. Das hielt er allem Anschein nach für eine absolute Garantie für zukünftige Brüderlichkeit unter den Menschen.

Die Leute, die auf der gegenüberliegenden Seite des Platzes in die Straßenbahnen nach Offenbach und Fechenheim steigen, kümmern sich nur wenig um dessen Vergangenheit. Eher beschäftigt sie noch ein pompöses Portal, schon weil es nicht hält, was es verspricht. Die Steinfiguren, die da Becher und Trauben in den Händen halten, laden zum Ratskeller ein. Den gibt es aber nicht mehr. Er war schon wegen seines guten Frankfurter Weins sehr beliebt. Diese Wachstumsbezeichnung soll beileibe kein Scherz sein, noch ist damit der Lohrberger Säuerling gemeint. Die Stadt Frankfurt besitzt ja Weinberge auf einem der gesegnetsten Rebenhügel bei Hochheim. Auch der letzte deutsche Kaiser lobte diese Kreszenz, nachdem er einen Schluck davon genommen hatte, worauf ein Vertreter der Stadt mit einem herzhaften Tritt ins Fettnäpfchen meinte: »Majestät, wir haben noch viel besseren.«

Die Rathauskulisse mit ihren nachempfundenen Renaissancelinien hat etwas Festliches. Man vergißt darüber, daß sich dahinter nüchterne Amtsräume befinden. Die wagemutig geschwungene »Seufzerbrücke« und der gewundene Durchgang zur Limpurgergasse sorgen auch für wohltuende Abwechslung im Straßenbild. Am Ende des Durchbruchs sieht man dann wieder auf eine Riesenmauer mit Fenstern. Dort befand sich einmal die »Blechmusik«, mehr Gewölbe als Lokal. Nach einigen Schnäpsen konnte man sich gut vorstellen, unter zechenden Landsknechten zu sein.

An der Buchgasse beginnt die Bethmannbank, die man auch für einen noblen Gutshof halten könnte. Wie sie aussieht, macht sie alle die launigen und amüsanten Geschichten glaubhaft, die vom Frankfurter Bankleben erzählt werden, das unvermeidlich Menschliche zwischen Schecks und Wechseln. Von den Bethmanns wäre viel zu ihrer Ehre zu erzählen. Vielleicht tun das am besten ein paar Kleinigkeiten. Simon Moritz von Bethmann war nicht nur kaiserlich russischer Staatsrat, sondern auch Kommandant des »Pompier Korps« der Frankfurter Feuerwehr, mithin das, was die Leute hierzulande einen ordentlichen Mann nennen. Metternich hielt ihn für den geeignetsten Menschen in Europa, um ein wahrhaft geschmackvolles Tintenfaß zu besorgen. Schließlich verköstigte ein Bethmann-Koch drei Kaiser, Napoleon, Alexander von Rußland und Kaiser Franz II.

Im Weitergehen bewegt man sich auf einer Autorennstrecke. Dann schlägt, was selbst alten Frankfurtern nicht in den Kopf will, die Straße einen scharfen Haken, und das noch über eine Brücke. Nun bildet der »Frankfurter Hof« ausschließlich die eine Seite. Dort kann man die erstaunliche Wahrnehmung machen, daß die sonst so gehetzten Frankfurter Zeit finden, um die Absteiger am Hoteleingang zu identifizieren: Viehherdenbesitzer, Goldgrubeneigner, Grundstücksmanager.

An der erwähnten Straßenbiegung steht mit großartig klaren Formen das Karmeliterkloster. Bettelmönche haben 1246 mit dem Bau begonnen. Im Jahr 1726 brannte der hintere Teil ab. Der zum Löschen kommandierte Offizier erwies sich als wenig gemütvoll. Er meinte, man solle die Pfaffen ruhig verbrennen lassen, was ihm fünfzig Stockschläge eintrug. Das Kloster wurde später unter anderem Kaserne, Warenmagazin und Zollamt. Ein Zöllner zählte es offenbar zu seinen Dienstobliegenheiten, das Gemälde eines gotischen Meisters von der Wand zu kratzen. Nimmt es wunder, daß in einem von Dramen und Lustspielen heimgesuchten Bau auch Theater gespielt wurde?

In dem Kloster ist heute das Stadtarchiv untergebracht. Schüler, Studenten, Assistenten, Professoren, Bildhauer, Schriftsteller und geschichtsverliebte Privatleute gehen dort mit freundlicher fachmännischer Hilfe der Frankfurter Vergangenheit nach. Sie finden dabei nicht nur in Büchern ein umfangreiches Material.

Ein frivol zu nennender Zufall wollte, daß sich einmal in unmittelbarer Nachbarschaft der Klostermauern die Häuser der kommerziellen Liebe befanden. Selbst honorige Frankfurter Bürger tranken dort gelegentlich für eine Reichsmark eine Flasche Bier, um wenigstens einmal in lose Tuchfühlung mit der Unmoral zu kommen.

Ist das Wort »Schmiere«, das wir im Weitergehen lesen, ein Beweis für den Mut oder das Werbetalent von Rudolf Rolfs? Auf seiner Kellerbühne liefert er so geistvolle Proteste, daß dagegen zu protestieren wäre, sie das schlechteste Theater der Welt zu nennen.

Blick aus dem Stadtverordnetensitzungssaal auf die Paulskirche

Wie ein mächtiger Handelshof breitet sich die Degussa in der Weißfrauenstraße aus, in die man geradewegs kommt. Eine erlesene Sehenswürdigkeit auf ihrem Terrain ist das Hermann-Schlosser-Haus, nach dem Mann genannt, der den klassizistischen Bau vor Verfall und Vergessenwerden rettete. Nun ist er ein Museum für Altfrankfurter Wohnkultur und dient dem Andenken von Ernst Roessler, der die Seele der Frankfurter Scheideanstalt für Edelmetalle war, aus der 1873 die Degussa wurde. Ein roter Empiresalon, Gemälde mit den Köpfen früher Industriekapitäne und verspielte Familienerinnerungen sorgen für eine feine Stimmung, die man hinter der schlichten Fassade am Main nicht vermuten kann.

Der Rest der Weißfrauenstraße ist von einer recht phantasielosen Zweckmäßigkeit geprägt, unterbrochen durch eine breite Kolonnade. Auch ein zurückliegendes älteres Haus wirkt zwischen den anderen ausgesprochen heiter.

Die Weißfrauenstraße trägt ihren Namen nach einem Kloster, dessen Insassinnen Buße für ihr leichtfertiges Leben tuen sollten. Doch es wurde nichts aus ihrer Einkehr. Daher wurden diese liederlichen Frauenzimmer später von Damen aus noblen Familien abgelöst. Auch deren Lebenswan-

25

del ließ zu wünschen übrig, wozu allerdings kontaktfreudige hohe Herren beitrugen. Die Stadt machte dem Idyll ein Ende. Nun waren aber die Büßerinnen nicht »von gestern«. Sie fanden nach ihrem Abschied vom Klosterleben bald einen Ehemann. Nur drei blieben, die waren allerdings zu sehr in die Jahre gekommen, um sich noch einen Gatten zu sichern.

Unser Weg endet an der eindrucksvollen U-Bahn-Station Theaterplatz. Dort stehen technisch Minderbegabte kopfschüttelnd vor einem geheimnisvollen Apparat. Dem Vernehmen nach soll er Fahrkarten verkaufen.

Nicht mehr die alte Straße

Eindrücke auf dem Großen Hirschgraben

Der Name Großer Hirschgraben rührt daher, daß die Ratsherren dort Hirsche hielten. Die waren für Festessen bestimmt. Es kam bei diesen Schmausereien gelegentlich auch zu heftigen Zechgelagen. Der Große Hirschgraben ist heute eine Straße für die Fremden. Die Einheimischen benutzen ihn mehr, um den Weg abzukürzen. Es gibt allerdings lohnende Erlebnisse auf der kurzen Straße, sogar spaßige Bilder. Mitunter warten zwei und mehr Reisebusse dort. Ihre Fahrer stehen gelangweilt herum. Langeweile schien auch eine Dame zu haben, die ganz allein in einem Touristentransporter saß, der aus Amsterdam kam. Sie war in ein Modejournal vertieft. Die Modelle darin sollten für sie allerdings auch dann nicht in Frage kommen, wenn sie hundert Hungertage im Jahr einlegen würde. Zwei englische Studenten kamen im wahrsten Sinne des Wortes mit Sack und Pack. Die sympathischen Tramps nächtigten womöglich gelegentlich im Wald, sie brachten daher die nötige Andacht für ein Dichterhaus mit. Die Straße ist in der Tat ein Treffpunkt der großen Welt. Ein wohlbeleibter Neger erschien im Habit und mit dem Gehabe eines Stammesfürsten. Es fehlte nur, daß ein Gefolgsmann einen Sonnenschirm über ihn hielt, als er zum Goethehaus ging, nein, schritt.

Für die Frankfurter selbst ist sie eine Straße wie jede andere, die Bewohner des Hauses Nummer 23 kamen ihnen immer vor wie gute Nachbarn. Zudem kann man im Großen Hirschgraben auch heute so mancher Frau begegnen, die eine zweite Frau Aja ist, einer waschechten Frankfurterin voll Lebensfreude und mit einer beachtlichen Zungenfertigkeit. Vielleicht ist es daher keine Erfindung eines Witzbolds, wenn die Verlegenheit eines Urfrankfurters geschildert wird, den man nach dem Goethehaus fragt. Jedenfalls konnte man im Großen Hirschgraben eine Frau hören, die im reinsten Sächsisch von dem Fenster sprach, aus dem Vater Goethe die Heimkehr seines Söhnchens beobachtete. Johann Wolfgang trieb sich oft über Gebühr lang draußen herum.

Recht hilflos wirkte ein Touristenpärchen mit einem Stadtplan in der Hand. Er polterte, dieses »damned« Goethehaus müsse ja wohl irgendwo zu finden sein. Dabei standen die zwei unmittelbar vor der Tür. Womöglich macht auch die Umgebung die Fremden, die mit hochgeschraubten Erwartungen gekommen sind, ein wenig stutzig. Da stehen überall glatte, sachliche Häuser, bis auf das eine. Das war noch anders, als es gegenüber den imposanten »Ochsenstein« gab und die sonstigen prächtigen Gebäude. Im Großen Hirschgraben hatten sich ja die Geldleute angesiedelt. Und noch ein Dichter stammte daher, Maximilian Klinger. Es scheint das unabwendbare Schicksal der Hirschgrabenpoeten zu sein, daß sie in hohen Staatsstellungen landeten, Goethe in Weimar und Klinger als russischer Staatsrat in Petersburg.

Es ist auch die Straße der Fotoapparate. Kameras aller Weltfabrikate treten in Aktion. Alles scheint einer Buntaufnahme würdig zu sein, auch das Schaufenster für Landkarten oder Onyxwaren. Ein junger Mann, offenbar aus Korea, nahm einen Drückkarren ins Visier, auf dem sich eine

Der Große Hirschgraben

ausgediente Couch und ähnlicher Plunder befanden. Was das mit Goethe zu tun haben sollte, dürfte sein Geheimnis sein. Ob nicht auch zwei Schwedinnen den seriösen Rahmen sprengten? Sie kreuzten so unverhüllt auf, daß sie selbst im Familienbad Aufsehen erregt hätten. Hätte man die blonden Skandinavierinnen am Betreten des Goethehauses hindern sollen? Das wäre wohl nicht im Sinn des Besitzersohns gewesen.

An der Ecke nach dem Salzhaus zu ist eine Buchhandlung. Dort kaufen manche Goethebesucher hinterher einen Altfrankfurter Stich. Ob sie auch in ein nahes Lokal gehen, in dem es Bratwürste gibt? Immerhin gehören die auch zu den Spezialitäten von Old Germany. Man kann von ihnen im heimischen Boston schwärmen, sobald man von der Goethestadt berichtet. Ein Antiquitätengeschäft kann im Großen Hirschgraben nicht fehlen. Es gab da einmal einen bekannten Laden dieser Art. Der Mitbesitzer Müller meinte es gut mit den Malern. Er kaufte einem, dem es damals in Frankfurt recht schlecht ging, hier und da ein Bild ab. Sein Kompagnon war damit nicht einverstanden. Das drückte er so aus: »Wenn der mit den Eselsköpfen noch einmal hier auftaucht, fliegt er hochkant hinaus.« Der Sohn des damaligen Mitinhabers, der Bühnenautor Müller-Ruzika, erinnerte sich noch gut daran. Der Maler mit den Eselsköpfen wurde später sehr berühmt, es war Marc Chagall. Die Stadt hat ein Bild von ihm erworben, für das sie mehr zahlte als der Gönner im Großen Hirschgraben, das, was die Pariser einen Eiffelturmpreis nennen. Heute ist an der gleichen Ecke eine Farbenhandlung. Dort kaufen die Frankfurter Maler ein. Sie finden in Albert Rost einen Kunstfreund, der sich auch ihrer Nöte annimmt. Anfänger zeigen dem guten Geist des Geschäfts auch ihre Werke. Oft ist das Gutachten von Rost ein Akt der Menschenfreundlichkeit.

Einmal geschah ein Wunder. Die Frankfurter waren sich einig, es ging darum, das 1944 zerstörte Haus wiederaufzubauen. Es sollte genauso werden wie einst, sogar die Tapeten. »Unser« Goethehaus, das klang wie ein Kampfruf. Als das Haus einmal verwahrlost war und unten ein Tapezierer hauste, vermißte man solche Töne. Da mußte der 1822 in Lüneburg geborene Otto Vogler kommen, um die Erinnerungsstätte zu retten. Das übernahm nach der Zerstörung Professor Ernst Beutler. Er leitete das Freie Deutsche Hochstift, das nicht nur das Haus, das Museum und die Bibliothek betreut, sondern auch das Andenken an den Dichter. Es wird behauptet, Ernst Beutler habe im reifen Alter dem Olympier von Weimar frappant ähnlich gesehen. Schließlich hatte er ja auch lange genug mit Goethe zu tun.

Im Haus des Buchhandels ist der Cantate-Saal zu finden. Im Sinn der Vergangenheit vom Großen Hirschgraben wird dort Theater gespielt, man gibt Konzerte, gewichtige Diskussionen sind zu hören, auch die Kabarettisten kommen zu Wort. Die Filme laufen, als sei das eine Rangordnung, in einem besonderen Raum.

Nachts ist die Straße still. Nur in St. Johns' Inn herrscht noch Betrieb. Vielleicht mag dieser oder jener Goethefreund Lust verspüren, sich das Haus zu betrachten, wenn er mit ihm allein ist. Claire Waldoff war jedenfalls danach, sobald sie in Frankfurt gastierte. Nachdem sie gehörig gezecht hatte, ließ sie sich an dem Haus vorbeifahren. Die Chansonsängerin, die ihren »Hermann heeßter« aus der Spülsteinatmosphäre herausschmetterte, war nämlich empfindsamer Natur.

Es ist wie eine stille Übereinkunft. Das Haus im Großen Hirschgraben wird nicht als Rekonstruktion angesehen. Der Straße haben die Jahre auch zur Echtheit verholfen. Doch irgendwo in Sachsenhausen sitzt ein eigensinniger alter Frankfurter in einer Kneipe. Der sagt in trauriger Auflehnung vor sich hin, es sei eben nicht mehr die alte Straße und nicht mehr das alte Haus.

Wie's mal war im Großen Hirschgraben

Bei Goethes: ein »welscher Hahn«

Die Küche im Goethehaus ist noch genauso wie zur Zeit von Frau Aja, der Mutter des Dichters. Alles ist geblieben, wie es Frau Rat Goethe benutzt hat, der Küchenherd, der Spülstein, die Küchengeräte und die Kuchenformen. Man sieht der Einrichtung an, daß die Goethes wohlhabend waren. Besonders der eigene Brunnen in der Küche verrät das. Andere Leute mußten ihr Wasser über die Straße an einem öffentlichen Brunnen holen.

In der Küche gab Frau Aja den Ton an. Doch sie kommandierte ihre Mägde immer so heiter und humorvoll, wie sie selbst war. Wenn die Feiertage heranrückten, war allerdings in der Küche manchmal der Teufel los. Da gab es für die Hausfrau mancherlei zu tun. Sie konnte ja ihrem Mann und den Kindern zum Fest nicht irgendein »Gekoch«, wie die Frankfurter sagten, hinstellen. Es hätte jedenfalls lange Gesichter gegeben, würde sie der Familie die berühmte Wochensuppe vorgesetzt haben. Das war ein Eintopf, der möglichst viele Tage reichen sollte.

Am ersten Feiertag mußte es zum mindesten ein »welscher Hahn«, eine Pute sein, was auf den festlich gedeckten Tisch kam. Dieses Gericht war bei den Frankfurtern übrigens sehr beliebt. Um den Wein dazu brauchte sich Frau Rat nicht zu kümmern. Das besorgte ihr Mann, und er kam dabei nicht in Verlegenheit. Er hatte ja im Keller die besten Sorten liegen. Mitunter duftete das ganze Haus danach.

Sosehr sich auch Frau Aja an den besonderen Tagen um den Küchenzettel kümmern mußte, ihre Hauptsorgen galten doch dem Gebäck und den Süßigkeiten. Welche Dimensionen ihre Kuchen hatten, kann man sich ja an den mächtigen Backformen, die in der Küche zu sehen sind, ausrechnen. Für ihre sonstigen Leckereien besaß Frau Rat Geheimrezepte, die sie nicht einmal ihrer besten Freundin verraten hätte. Daher war sie natürlich stolz auf ihre Quittenpaste und ihre Offenbacher Pfeffernüsse. Viel Mühe verwandte sie auch auf die Brenten. Die waren ja eine Frankfurter Spezialität. Jede Hausfrau wollte die besten haben. Bis in die Nacht saß Frau Goethe mit ihren Mägden an der Arbeit, wenn die Brenten an der Reihe waren. Dann gab es noch die Zimtwaffeln, auch eine stille Liebe von Frau Aja. Das Waffeleisen mit einem langen Stiel ist heute noch da. Es wurde ja direkt über das Feuer gehalten.

Aufbewahrt wurden die »Gutsje«, wie sie im Haus am Großen Hirschgraben hießen, in der Speisekammer neben der Küche. Dort kamen sie in buntbemalte Konfektschachteln und standen immer ein wenig unter Aufsicht. Wenn die Mutter nicht aufpaßte, war schon vor den Festtagen die Hälfte von den Köstlichkeiten vernascht.

Als Goethe in Weimar war, gingen zu jedem Jahreswechsel Frankfurter Leckereien nach dem Frauenplan. Die Offenbacher Pfeffernüsse haben den Empfänger sicher an seine Zeit mit Lili Schönemann erinnert, deren Familie in Offenbach ein Haus besaß. Einmal passierte mit der Sendung ein Unglück. Die Schachtel wurde aufgerissen und ausgeplündert, »ambaliert«, wie die Mutter ihrem

Sohn mitteilte. Sie nahm ja bekanntlich kein Blatt vor den Mund und gab ihrer Empörung daher in aller Deutlichkeit Ausdruck. In ihrem Brief an Wolfgang schrieb sie von Schurken, die »das Konfekt gefressen« hätten.

»Zwischen den Jahren« wurde am Großen Hirschgraben jedenfalls recht feierlich begangen, und dazu trug in hohem Maß auch das bei, was von der Herrin des Hauses in der Küche alles zurechtgezaubert wurde.

Frau Ajas Küche

Wo Maier Amschel Rothschild die Kurse ausrief

Die Neue Kräme gestern und heute

Sie hieß einmal die Scheidgasse. Um die Mitte des 16. Jahrhunderts wurde sie in »Unter den Neuen Krämen« umgetauft. Das verdankte sie den Läden, die dort von der Stadt betrieben wurden. Allerdings traten an die Stelle dieser primitiven Kramläden mit den Zeiten stolze Handelspaläste. Der Frankfurter Reichtum blühte durch sie auf. Dafür sorgten Handelsdynastien wie die Allesinas und die Gontards. Pompöse Wappen schmückten ihre Häuser. In der Neuen Kräme Nummer 7 stand das erste Frankfurter Einkaufszentrum. Es nannte sich das »Große Kaufhaus«. Hinter seiner barocken Fassade wurden feinstes Kattun, Baumwolle und Seide feilgeboten. Auch englische Manufakturwaren stachen den Frankfurter Damen in die Augen. Die gingen schon damals mit der großen Mode. Allerdings hatten sie bei ihren Einkäufen in der Neuen Kräme manchmal Ärger. An den schmucken Giebelhäusern befanden sich nämlich Kupferrohre als Wasserspeier. Die begossen bei Regen die Straße, so daß sich kleine Seen bildeten. Durch die sollten nun Frauen hindurchwaten, wo sie doch damals nicht einmal eine Andeutung ihres Beins sehen lassen durften. Erst als Pflaster gelegt wurde, hörte der Übelstand auf.

In der Ladenstraße gab es repräsentative Bauwerke. Am Liebfrauenberg stand zunächst eine schon 1318 erwähnte Kapelle. Daß sie von der Liebfrauenkirche verdrängt wurde, war Kaiser Siegmund zu verdanken. Dem wurde es in dem bescheidenen Kapellchen zu eng.

Es mag beim Betrachten der Liebfrauenkirche auffallen, daß sich Geschäfte unmittelbar an ihre Mauern anlehnen. Im 17. Jahrhundert bemühte sich das Kirchenstift, diese Hausgenossen loszuwerden. Sie sind immer noch da, und das entspricht im Grunde der Tradition der Ladenstraße.

Wenn die Frankfurter Handelsgeschlechter erwähnt werden, muß man an die Augsburger Fugger denken. Bei ihnen gingen Kaiser und Könige ein und aus, meistens waren sie dann allerdings in Geldverlegenheit. Ein Doppelhaus der Neuen Kräme hatte auch die Ehre allerhöchster Besuche. Die Embleme und die Namen »Zum Paradies« und »Zum Grimmvogel« an seinen roten Mauern sprechen heute noch davon. Die gekrönten Besucher sprachen von ihren Frankfurter Gastgebern mit höchstem Lob. Sie nannten die Patrizier aus der Neuen Kräme »liebe Wirte«. Sie vermachten ihnen sogar die Pferde, auf denen sie zur Krönung geritten waren. Eine wahrhaft königliche Geste.

Zur Neuen Kräme gehörte auch die alte Börse, die zum Paulsplatz hin stand. 1843 wurde sie gebaut. Doch schon nach vierzig Jahren war sie zu klein. Für ein Bauwerk, in dem es um aufregende Geschäfte ging, machte sie einen zu altväterlichen Eindruck. Dazu trugen auch die Figuren an der Straßenfront bei. Sie stellten die fünf Erdteile vor und schienen eher den Kindern Freude zu machen. Doch diese Verspieltheit schien den damaligen Börsianern mit ihren unförmigen Zylindern zu gefallen. Immerhin war die alte Börse Zeuge von Frankfurts Aufstieg als Stadt der internationalen Bankverbindungen gewesen. Sie hatte es also nicht verdient, später zu einem Kulissenlager degradiert zu werden. Die beschauliche alte Börse hatte in der gleichen Straße eine Vorgängerin. Sie war nichts

Brunnen auf dem Liebfrauenberg

weiter als ein Hof in dem bereits erwähnten Doppelhaus. Dort standen die Börsenleute geduldig auf Kisten, während der legendäre Maier Amschel Rothschild die Kurse bekanntgab.

Dicht bei der Neuen Kräme befand sich auch das Hotel zum Landsberg. Als das Parlament 1848 in der Paulskirche tagte, kehrten seine Vertreter ab und zu dort ein. Einer von ihnen bezeichnete das Essen in dem Gasthof als ein »köstliches Labsal«. Überhaupt waren die Streiter für Deutschlands Freiheit und Einheit den leiblichen Genüssen nicht abhold. Parlamentsmitglied Friedrich Ludwig Jahn verzehrte, wie es heißt, in einer nahe gelegenen Konditorei Mengen von Süßigkeiten.

An der Ecke der Braubachstraße ist die Kopfapotheke zu finden. Sie gehört zu den ältesten der Stadt. Nach ihrer Gründung paßte sie gut in die Straße der Kramläden. Die Apotheker verkauften ja auch in Frankfurt »Confect«, Gewürze, Zuckerwaren und anderes mehr. Daneben boten sie Allheilmittel gegen alle Arten von Krankheiten und Gebrechen an. Das größte »Wunder« auf diesem Gebiet war die sogenannte Frankfurter Pille. Niemand wußte, aus welchen geheimnisvollen Zutaten sie bestand. Die Apotheker selbst waren von der unfehlbaren Wirkung ihrer Mixturen durchaus überzeugt. Sie machten sich sogar über die Weisheit der Mediziner in aller Öffentlichkeit lustig. So sah sich 1494 der Frankfurter Stadtarzt von Ettlingen veranlaßt, einen Apotheker, der über seine Rezepte gespottet hatte, gerichtlich zu belangen.

Zu den Sehenswürdigkeiten der Straße gehört auch der Brunnen auf dem Liebfrauenberg. Er hat mancherlei Veränderungen hinter sich. 1494 wurde er gegraben. Dann machte man 1620 einen Springbrunnen aus ihm. 1791 erhielt er seine gegenwärtige Form mit dem Obelisken, der eine vergoldete Sonne hält, und den sitzenden Flußgöttern. Bei der Planung des Brunnens wurden hohe Ansprüche gestellt. Nur echte Felsensteine »ohne Leber und Galle« durften verwendet werden. Was indessen vor fast zweihundert Jahren während der Bauarbeiten geschah, mutet durchaus heutig an. Die Handwerksmeister forderten mehrere Male höhere Bezahlung.

Die Abgeschiedenheit von der unruhigen Stadt empfindet derjenige, der das Höfchen der Liebfrauenkirche betritt. Im Halbdunkel leuchtet dort ein Kranz von Kerzen vor einer gegen eine Mauer gerückten Madonna. Der gewundene Weg führt weiter durch ein schmales Spitzbogentor. Wenn man schließlich auf dem Schärfengäßchen landet, hat man einige Mühe, sich wieder zurechtzufinden.

»Paradies« am Liebfrauenberg

Quartier für Kaiser und Könige

Vor dem Jahr 1775 standen an der Kreuzung von Liebfrauenberg und Neuer Kräme zwei Häuser, die in der Geschichte der Stadt Frankfurt eine Rolle gespielt haben. Das eine hieß »Zum Paradies« und das andere »Zum Grimmvogel«. Der »Grimmvogel«, ein großes wehrhaftes Gebäude, wurde später auch Haus zum Turm genannt.

Das Haus zum Paradies stand mit der Front zum Liebfrauenberg. Es trug seinen Namen wegen seiner Vorhalle, die auf Säulen ruhte und dem Vorhof einer Kirche glich. Diesen Teil eines Gotteshauses nannte man im Mittelalter Paradies.

Das am Liebfrauenberg gelegene Haus besaß eine eigene Kapelle, die der Heiligen Dreifaltigkeit geweiht war. Es wurde weit über Frankfurt hinaus bekannt und zog sogar deutsche Kaiser an. Karl IV. nahm am Liebfrauenberg Quartier, ebenso König Wenzel. Hundert Jahre später war Friedrich III. dort zu Gast.

Das Haus mit den Säulen hatte viele Besitzer, auch der Erzbischof von Köln gehörte zu ihnen. Der letzte Eigentümer beider Häuser war Ludwig von Marburg, der 1502 starb. Auf einem Prospekt vom Liebfrauenberg aus dem Jahr 1728 ist das Haus zum Paradies noch zu erkennen, wie es einmal aussah. Später wurde es zusammen mit dem »Grimmvogel« abgerissen. Den Neubau ließ Johann Wilhelm Kayser hinstellen.

Um das stattliche Haus, das sozusagen am Tor der Altstadt stand, gab es, wie zu erwarten war, mancherlei Streitigkeiten. Sie hörten mit dem Jahr 1806 auf. Das Gebäude mit seiner achtbaren Vergangenheit ging damals in den Besitz des Fürstenprimas über, 1813 wurde die Stadt Frankfurt Eigentümerin.

Wer das Eckhaus am Liebfrauenberg auch nur auf einen Sprung betritt, entdeckt ein Stückchen von Alt-Frankfurt, zum mindesten in dem Höfchen, das mit den Wappensteinen der aus den beiden Häusern stammenden Familien besonders stimmungsvoll wirkt. Eine steinerne Treppe führte zu den Mansarden hinauf, eine zweite aus Holz ebenso. Es gab da wie in so manchen Häusern zwischen Zeil und Main mächtige Kellergewölbe.

Im Jahr 1898 wurden Erdgeschoß und erster Stock völlig umgebaut. Oben waren einmal Wohnungen mit großen Zimmern. Jetzt sind dort Anwaltsbüros und andere Geschäftsräume. Im Erdgeschoß mit den leuchtenden Sandsteinen sind Läden und eine Bankfiliale untergebracht. Das entspricht allerdings der Tradition des Hauses. Zur Zeit der Messen wurden die unteren Räume regelmäßig an Händler vermietet, die dort ihre Waren feilhielten.

Das Eckhaus am Liebfrauenberg wirkt mit seinen malerischen Emblemen fast wie ein Denkmal in der nüchtern gewordenen Umgebung. Im Giebelfeld nach dem offenen Platz zeigt es Wappen und Helmzier der Familie von Marburg zum Paradies. An der Front zur Neuen Kräme ist der Grimmvogel, ehedem ein Wort für Raubvogel, im Kampf mit einer Schlange zu sehen.

Schon die weithin leuchtenden Namen der beiden Häuser in goldenen Buchstaben erregen Aufmerksamkeit. Dennoch werfen die meisten Leute vom Liebfrauenberg aus nur achtlose Blicke auf das ehemalige Quartier von Kaisern und Königen.

Hof am Liebfrauenkloster

36

Wo von der Vergangenheit nicht nur Steine sprechen

Vom Römerberg zum Eisernen Steg / Historisches Museum und Leonhardskirche

Das Fahrtor ist eine kurze Straße, doch man meint, ein Dach über dem Kopf zu haben, wenn man hindurchgeht. Es wurde in den Jahren von 1454 bis 1460 gebaut und bildet heute noch eine der malerischsten Ecken der Stadt. Sein Blickfang ist das hübsche Fachwerkhaus Wertheim, das bereits 1383 erwähnt wird. Viele Frankfurter mögen im Vorübergehen mit Bedauern daran denken, daß es einmal zahlreiche Häuser dieser Art in der Altstadt gab. Am liebsten möchten sie dann auch gleich vom nahen Fünffingerplätzchen erzählen, von seiner gespenstischen Heimlichkeit. Aber welchen eiligen Passanten sollte das interessieren, höchstens einen jungen Mann, der umherschaut, als wolle er sich ein Bild von der Stadt machen. Der Hautfarbe nach könnte er ein Student aus einem asiatischen Land sein.

Das Lokal im Haus Wertheim versucht Altfrankfurter Gemütlichkeit zu vermitteln, als sei man das der Gegend mit ihrer reichen Vergangenheit schuldig. Die Wirtschaft ist voll von Lampen aus Urgroßmutterszeiten, alten Stichen, Bildern, Wandtellern und allerhand liebenswertem Krimskrams. Auch junge Leute sind da, die sich in dieser Atmosphäre offenbar sehr wohl fühlen.

Vom Fahrtor sind es nur ein paar Schritte bis zum Eisernen Steg. Sie führen über die angerosteten Schienen der Hafenbahn. Die rollte einmal gemächlich dahin, als gelte es, sich wegen des Lärms zu entschuldigen, mit dem sie den Uferfrieden stört. Eigentlich ist der Eiserne Steg ein Monstrum, womit nicht seine Konstruktion gemeint ist. Die Frankfurter hätten es ja am liebsten gehabt, wenn unten am Wasser noch alles altfränkisch ausgesehen haben würde. Wie kamen sie also zu dem nüchternen Eisengerüst? Sie hatten es sich selbst verschafft.

Zuerst wollte ein unternehmungslustiger Handelsmann auf eigenes Risiko für eine fliegende Brücke sorgen. Dieser Wohltäter gedachte allerdings, durch Abgaben für die Brückenbenutzung auf seine Kosten zu kommen. Ähnlich rechneten es sich auch die Frankfurter Bürger aus, die später den Eisernen Steg planten. Recht mühelos brachten sie das Geld dafür auf, und als die Schulden getilgt waren, überließen sie die Brücke der Stadt. Einen Heller Brückengeld kassierten sie pro Person. Vielleicht veranlaßte das gerade die Frankfurter, den Eisernen Steg besonders gern zu benutzen.

Der Steg ist geblieben, was er sein sollte, ein nüchterner Weg über das Wasser. Man verspürt keine große Lust, von ihm aus auf den Main und den Schiffsverkehr zu blicken, was man von der Alten Brücke aus so gern tut. Höchstens bleibt man bei einem Sonderling stehen, dessen Hauptbeschäftigung zu sein scheint, die Möwen zu füttern. Er ruft sie beim Vornamen und behauptet steif und fest, sie wüßten, wie sie heißen. Hin und wieder gab sich ein Orgelmann am Brückenaufgang Mühe, Zeitgenossen aufzuheitern, die mit der Nase auf der Erde daherkamen.

Am Eisernen Steg haben Leute, die sich mit der Frankfurter Mentalität auskennen, eine fast hämische Freude. Da liegen die Schiffe auf dem Main und warten auf gutes Wetter. An einem lesen wir »Wikinger«, was sich vor dem sanft dahinplätschernden Fluß fast verwegen ausnimmt. Den

Das Haus Wertheim

»Goethe« vermißt man, der doch seine Passagiere schon immer so unverdrossen mainaufwärts schleppte. Nun sind aber die Frankfurter an sich keineswegs für Wind und Wellen. Ihr ererbtes Verlangen ist nicht der nordische Strand, sondern eine Italienreise, die sie gleichzeitig als einen Veredelungsprozeß in bezug auf die Allgemeinbildung betrachten. Allein nach der Gerbermühle gehen manche noch gern an Bord. Die hat zwar viel an Echtheit und Besinnlichkeit eingebüßt, doch unter den alten hohen Bäumen ist es ihren Getreuen, als sei es erst eine Woche her, daß der Poet vom Großen Hirschgraben eine Romanze mit der Dame des Hauses hatte. Man findet im Garten auch heute Pärchen, die sich – wer weiß? – eine freundliche Wirkung von seiner amourösen Vergangenheit versprechen.

Die Häuser am Fahrtor besaßen vorzeiten keine Türen. Ihre Fenster waren vergittert. Das sollte gegen den Schmuggel helfen, denn am Fahrtor kamen ja hochbeladene Schiffe mit Waren an. Daher war dort der Zoll stationiert. An einem Erker dieser früheren Stadtpforte bemerkt man bei näherem

Betrachten zwei gotische Steinmasken. Sie sollten böse Geister vertreiben. Einen höchst komischen Ungeist konnten sie allerdings nicht bannen: den, der offenbar früher in den Menschen von beiden Ufern saß. Sie waren nicht immer gut aufeinander zu sprechen. So behaupteten die Frankfurter, die zwei Grimassenschneider am Erker hätten typische Sachsenhäuser Gesichter. Die von drüben wiederum erklärten, solche Fratzen würde es nur in Frankfurt geben. Vom Reichsadler, der am Fahrtor nach wie vor stolz auf die Straße hinunter schaut, ist auch eine aufregende Geschichte zu berichten: Eine Krankenschwester kam im Jahr 1932 gerade noch mit dem Schrecken davon, als ein Teil des Wappentieres von seiner Höhe herunterstürzte und dicht hinter ihr auf dem Boden landete. Der stolze Vogel war in zwei Teile zerbrochen. Immerhin konnte man diese wieder zusammenleimen.

Zu den Torbauten gehört auch der Rententurm. 1804 sollte er geschleift werden. Ausgerechnet einem ausländischen Diplomaten ist es zu verdanken, daß er noch steht. Zu allem schien der plumpe Turm geeignet zu sein, nachdem er als Zollwächter ausgedient hatte, nur nicht zum gemütlichen Wohnen. Dennoch wurde er in der Mitte des neunzehnten Jahrhunderts bezogen. Fritz von Unruh fand an der Turmstube so viel Gefallen, daß er nach dem Ersten Weltkrieg ein paar Jahre dort hauste und einige Werke schrieb. Dem Ritternachfahren mag seine Bleibe wie ein Adlerhorst vorgekommen sein. Wie seinem weit berühmteren Gegenstück in Pisa machte auch einmal dem Frankfurter Turm das Erdreich zu schaffen. Er rutschte in den Boden, in dem er jetzt fast fünf Meter zu tief steckt.

Von der Frankfurter Vergangenheit sprechen am Fahrtor nicht nur die Steine. Das besorgt ausgiebig auch das Historische Museum, das von weitem wie ein umgestülpter Baukasten aussieht. Die Komposition aus Steinblöcken ist bei den Frankfurtern sehr beliebt. Zum Beispiel lassen sich Frauen, deren Interesse sonst dem wirksamsten Waschmittel gilt, gern mit zwölfhundert Jahren Frankfurter Geschichte konfrontieren. Engagierte Manager verweilen vor Skulpturen, Zeugen der Bauplastik, instruktiven Tafeln, Musikinstrumenten und seltenen Münzen, wie wenn es keinen größeren Gewinn gäbe als das Wissen um diese Dinge. Den Schulkindern macht es Spaß, daß sie einmal von sich aus ihre Nase in geschichtliche Dokumente stecken können, ohne von den Lehrern darüber belehrt zu werden.

In der Saalhofkapelle mag sich der Besucher zwischen den nackten Wänden beengt fühlen, zumal sie nicht sonderlich anregend auf die Phantasie wirken. Doch sollte man daran denken, daß hierherum alles einmal angefangen hat, was wir so gern als ein Wunder bezeichnen, die hochaufgeschossenen Vorstädte, die schnelle unterirdische Bahn und der weltbekannte Flughafen. So viel die historische Schau allerdings zu bieten hat, die innigste Anziehungskraft übt auf die Einheimischen das plastische Modell der früheren Altstadt aus. Wer sie so nicht kennengelernt hat, kann auf den Gedanken kommen, daß die romantische Einstellung des Pappmaché-Baumeisters übertrieben hat, so verwirrend ist das Durcheinander von Spitzdächern und Gäßchen. Die anderen werden an dem Riesenspielzeug nach diesem oder jenem ihnen vertrauten Winkel suchen, wo sie einmal gestanden, gewartet oder geschwätzt haben. Sollte sich nicht mancher dabei gestehen, wie verrückt doch die Zeit war, womit er gleich fünfzig Jahre auf einmal meint?

Auch die nahe Leonhardskirche ist ein Stück wacher Vergangenheit. Dem ernsten Gotteshaus kann man nicht ansehen, daß es etwas mit schwärmerischen Minnesängern zu tun hatte. Ihre inbrünstigen Lieder an die Gottesmutter sorgten dafür, daß die ehemalige Kapelle nach der Jungfrau Maria genannt wurde. Der spätere massive Bau hatte mancherlei Prüfungen zu bestehen. 1784 stand bei einer Überschwemmung das Wasser fünf Fuß hoch in dem Gotteshaus. Ein Blitzschlag räumte 1607 dicke Quadersteine bei ihm ab, und schließlich fegte ein Unwetter auch noch den Adler, das Wahrzeichen der königstreuen Kirche, herunter.

Die Leonhardskirche liegt an der überlauten Uferstraße, doch sie scheint abseits vom Weg zu stehen, fast versteckt. Die Leute, die sie zur Andacht aufsuchen, spüren jedesmal, daß sie eine Zufluchtsstätte entdeckt haben.

Main-Panorama am Eisernen Steg

Das unruhige Herz der Stadt

Ein Bummel über die Hauptwache

Mit »Hauptwache« war gewöhnlich das Wachgebäude im Herzen der Stadt gemeint. Es wurde in den Jahren 1729 und 1730 durch den Stadtbaumeister Jakob Samhaimer errichtet. Mit seinem schmucken Barockstil hatte es eigentlich nicht verdient, gleichzeitig als Gefängnis zu dienen. Allerdings wurden in seinem oberen Stock »honette« Persönlichkeiten gefangengehalten. Zu ihnen zählte Johann Erasmus Senckenberg. Er hatte den Frevel – die Unvorsichtigkeit – begangen, seine Kollegen vom Senat mit Verdächtigungen zu attackieren. Den Vorzug, die bessere Etage zu »bewohnen«, genoß er allerdings bis zu seinem Lebensende. Sozial schlechter gestellte Übeltäter mußten mit dem Keller vorliebnehmen, so auch Johannes Bückler, der berüchtigte Schinderhannes. Sein Verweilen in der Hauptwache war jedoch vorübergehend.

Stattliche Bauten prägten einmal das Gesicht des Platzes. Zu ihnen zählte auch der Palazzo Belli. Sein Besitzer betrieb ein Geschäft, das einmal zu den einträglichsten in Frankfurt gehörte, er war Weinhändler. Die im 17. Jahrhundert erbaute Katharinenkirche ist neben der Wache ein letzter Zeuge der baulichen Schönheit des Platzes. Die Zeiten haben manche Veränderungen für ihn gebracht. Das 1864 enthüllte Schillerdenkmal, das ihm einmal den Namen gab, mußte nach dem Rathenauplatz umziehen. Doch auch da war der schwäbische Dichter im Weg, er kam in die Taunusanlage. Nicht viel besser ging es einem Uhrtürmchen; es wurde zur Friedberger Anlage gebracht.

Im Jahr 1833 stürmten junge Leute das Wachgebäude. Es hatte hinterher aber noch schlimmere Stürme zu erleiden. Im Krieg wurde es durch die Bomben schwer mitgenommen. Nachdem es wieder aufgebaut war, setzte der Ansturm der U-Bahn-Planer ein. Die Wache wurde abgerissen und Stein um Stein wieder aufgebaut.

Der Platz, der heute »An der Hauptwache« heißt, gehört zum Leben der Stadt. Fast jeder Frankfurter hatte mit ihm etwas zu tun, was er so leicht nicht vergaß. An der Hauptwache liefen sich Leute in die Arme, die sich jahrzehntelang nicht begegnet waren. Nach den beiden Kriegen gab es dort manchmal ein rührendes Wiedersehen. Oft führte die zurückkehrenden Emigranten der erste Weg nach der Hauptwache. Wenn sie sich dort auch kaum mehr auskannten, weckte doch der Boden Erinnerungen. Unter der Uhr an der Hauptwache war der klassische Treffpunkt für Liebespaare. Mancher von den Älteren, der da vorübergeht, mag an die verschwundene Uhr denken und über sich selbst lächeln. Über sein hilfloses Gestammel damals. Manches Rendezvous endete auf dem Standesamt – oder auch beim Scheidungsanwalt. Dieser oder jener Rendezvouspartner hatte womöglich beim Anmarsch auf die Uhr den Ehering in der Westentasche verschwinden lassen. Heute gibt es im ganzen Umkreis wohl keinen geeigneten Ort für romantische Verabredungen. Man kann allenfalls noch erleben, wie an der Katharinenpforte bei Rot ein Motorrad hält, ein Mädchen sich auf den Soziussitz schwingt – und ab geht die Fahrt ins Glück.

Bei allem Wandel stellt der Platz an der Hauptwache nach wie vor eine Weiche in der Stadtmitte

An der Hauptwache

vor, der Personenverkehr fließt durch den Zwischenstock der U-Bahn. Der ist Hyde Park corner, Musikbox, Bazar, Atelier und Wallensteins Lager, alles zusammen, ganz abgesehen von den lebendigen Geschäftsstraßen. Politische Debattierer ernten, das ist schon fast Brauchtum, in der unterirdischen Säulenhalle Beifall oder Hohngelächter. Der Boden ist Ladentisch für Schmuckstücke aller Art. Manche Händler warten hockenderweise mit orientalischer Schicksalsergebenheit auf Kunden. Parterremaler ziehen Neugierige an. Ein Sänger mit überdimensionalem schwarzem Schlapphut befleißigt sich eines Slangs, der wohl auch in Harlem Eindruck machen würde. Seine Wiege stand womöglich in Ginnheim.

1869 ging das Wachgebäude an den preußischen Staat über. Natürlich trauerten die Frankfurter ihrem liebsten Kind nach. Sie bekamen es durch ihre ureigene Auffassung von Politik wieder. Sie zahlten, und gleich eine halbe Million. Nun wurde mit dem Gedanken gespielt, das Gebäude zu einer Kaufhalle zu degradieren. Allein um die Zeit wurde Europa durch eine aus Wien eingeschleppte Sucht heimgesucht, durch das Kaffeetrinken. Auch die Frankfurter fanden an dem neuen »Rauschmittel« Geschmack. Die Hauptwache wurde zum Kaffeehaus, besser gesagt zu einer allgemeinen Wohnstube, in der man vom Mokka über den »Verkehrten« bis zum »Frankfurter im Glas« alle Spezialitäten haben konnte.

Mit der Zeit etablierten sich in der Hauptwache Stammtische, für Journalisten, Sportler und einsame ältere Damen. Am lautesten ging es bei den Turffans zu. Schließlich konnte einer dem anderen ja nur mit Intensität klarmachen, daß dessen Tip für das nächste Rennen auf Schwachsinn beruhe. Nach einem ausgedehnten Bummel bildete die Hauptwache nicht selten den Schlußpunkt. Dort wurde auf die allerletzte Straßenbahn, den sogenannten Lumpensammler, gewartet.

Das Café Kranzler hat noch den Stil der dezenten Fünf-Uhr-Tee-Gaststätten. Es ist angenehm, dort gesehen zu werden. Es hatte allerdings Vorgänger anderer Art. In der ersten Inflationszeit war dort das Kronencafé, ein Dorado der Schieber. Vom Schnürsenkel bis zum Smaragdkollier war da alles zu haben. Später zogen die renommierten Schlagerkapellen ein, Bernhard Etté, ehedem Friseur in Kassel, feierte Triumphe, zumal es seine attraktiven Sängerinnen verstanden, schwüle Refrains in eindrucksvoller Tonart zu flüstern. Eine ähnliche Schau wurde in den zu kurz geratenen tausend Jahren im Regina geboten. »Artfremde« Kapellen spielten mitunter ungern gesehene ausländische Nummern. Der Schlagzeuger kaschierte das, er sang dazu mit kindlicher Miene »backe, backe Kuchen«.

In Richtung Roßmarkt machen junge Leute recht geschickt auf altes Frankfurter Kaffeehausleben. Das war in der Nähe im Jolasse in Reinkultur zu finden. Da durchbrachen sogar distinguierte Damen die gesellschaftlichen Schranken, die es verboten, daß sie allein ins Café gingen. Die vielgepriesene Schokoladentorte war daran schuld. Im ersten Stock der Bodega traf man Leute, die nicht für Schweinehaxen und gemischte Schlachtplatten schwärmten. Was auf den Karten stand, war meist eine Liebeserklärung an Feinschmecker. Anders ging es in Sankt Pauli zu. Die Frankfurter sind zwar hoffnungslose Landratten, doch in besagtem Kellerlokal entwickelten sie ein Amüsierbedürfnis, als würden sie nach monatelangem Aufenthalt auf See endlich wieder Hafenluft atmen. Ein buntes Programm sorgte für die nötige Stimmung, gelegentliche Damenringkämpfe taten ein übriges.

Der Platz hat zwar an Weite verloren, doch für Demonstrationen wird er nach wie vor gern benutzt. Die Polizei steht »Wasserwerfer bei Fuß«, ein Bild, an das sich die Frankfurter mittlerweile gewöhnt haben wie an die Dippemeß und die Ausverkaufsszenen. Erinnert das nicht an 1833, als die Studenten die Hauptwache stürmten? Solche Gedanken werden mit dem Satz abgetan, daß damals andere Zeiten waren. Die stehen sanft auf, wenn man in dunklen Abendstunden einen Blick nach dem Katharinenkirchturm wirft. Da schimmert durch die Fenster der Turmstube ein trauliches Licht.

Abschiedsstimmung in der Freßgass

Von der Vergangenheit einer der typischsten Frankfurter Straßen

Ursprünglich führte sie von der Katharinenpforte über den Roßmarkt zum Bockenheimer Tor. Auf dem Stadtplan heißt sie die Große Bockenheimer Straße. Doch die Einheimischen nennen sie nicht so. Für den eingefleischten Frankfurter ist und bleibt sie die Freßgass. In der Bevölkerung war mitunter zu hören, mit der ortsfremden Bezeichnung Große Bockenheimer Straße müsse endlich Schluß sein. Vielmehr solle der Name Freßgass offiziell gelten.

Haus in der Großen
Bockenheimer Straße

44

In den fünfziger Jahren herrschte in der Straße die reinste Abschiedsstimmung, besonders bei den Ladeninhabern. Das hatten die Stadtplaner fertiggebracht. Was die Bomben übrigließen, solle nun von der Spitzhacke beseitigt werden, so wurde erzählt. Als dann der Gebäudekomplex an der Hochstraße abgerissen wurde, war die Sorge nicht mehr zu überbieten, besonders bei den Ladeninhabern. Ältere Damen, die ein Schreibwarengeschäft aufgeben sollten, verstanden die Welt nicht mehr. Sie hatten es schließlich fast ein Menschenalter lang betrieben. Die Unruhe ging auch in der Kalbächer Gasse um.

Unter der Bevölkerung war die Aufregung nicht geringer. Mit den Bauarbeiten, so wurde geklagt, würde die Freßgass ihr Gesicht, ja alles verlieren. Sie war nun einmal Frankfurts vielgeliebte allgemeine Markthalle. Man hatte sich an sie gewöhnt, an ihren steten Geruch nach Fleisch, Fisch, Käse und Südfrüchten. Mit der alten Freßgass, so zeterten manche, verschwinde ein echtes Stück Frankfurter Leben. Für manche Hausfrau war der Gang dorthin ja alles andere als Mühe. Wenn man sich nirgends in der Stadt begegnete, in der Großen Bockenheimer Straße passierte es. Wie schön konnte man sich beim Einkaufen haarklein die Geschichten erzählen, die es in der Stadt gegeben hatte. Dazu war auch in der Nähe Gelegenheit, am heutigen Rathausplatz. Da betrieben Lina und Nani Schott ein Blumengeschäft. Ihre ganze Zuneigung galt dem Theater, nicht nur weil sie Buketts für die Frankfurter Bühnengrößen lieferten. Das Geschäft war nebenbei eine Nachrichtenzentrale. Zwischen Flieder, Rosen und Bühnenplakaten erfuhr man beispielsweise von der Romanze eines bekannten Frankfurter Millionärs mit einer Primaballerina. Davon wurde natürlich unter dem Siegel der Verschwiegenheit erzählt, worauf es am nächsten Tag halb Frankfurt wußte.

Die Freßgass und die Kalbächer Gasse sorgten schon früh für die Ernährung der Stadt. Da gab es einen großen Schweinemarkt auf dem Säuplätzchen, von dem dessen spaßiger Name herrühren dürfte. Zwischen seinen verschachtelten Häusern stand einmal der Kaiserbrunnen; ein Uhrtürmchen und der Merkurbrunnen waren da, alle sind abgebaut oder ausquartiert worden.

Daß Metzger in der Freßgass wohnten, war eine Selbstverständlichkeit. Bis 1862 waren sie mit ihren Ständen allerdings in der Nähe des Doms kaserniert. Im ältesten Haus der Straße, das wie durch ein Wunder stehengeblieben ist, befindet sich heute noch eine Metzgerei. Mit seiner schmalen Barockfassade wirkt es wie ein Denkmal jener Freßgass, die nur noch wenige Frankfurter in lebendiger Erinnerung haben.

Die Klage über den Gesichtsverlust der Großen Bockenheimer Straße hatte noch nebenbei einen Grund. Sie lag immer in Konkurrenz mit der Goethestraße. Was diese an Vornehmheit zu bieten hatte, besaß die Freßgass an Popularität. Sie verfügte auch über wertvolle Gebäude, wie sie in der mehr zum Promenieren geschaffenen Goethestraße nie zu finden waren. Zu den zählten das Carlésche Metzgerhaus, die Roßmühle, der Barockbau Kleinböhl und der Malepartus mit seinem freundlichen Giebeltürmchen. Auch das Haus der Bibelmeyer ist hier zu erwähnen. Sein Besitzer war eine bemerkenswerte Persönlichkeit. Als verdienstvoller Bürgermeister wurde er an Frankfurter Festtagen durch ein »Ständchen« geehrt. Während eine Kapelle vor seinem Haus musizierte, saß er womöglich in seinem Mansardenzimmer bei Bibelarbeiten. Die ganze pittoreske Häusergruppe ist inzwischen verschwunden.

Nach der Jahrhundertwende kam der Malepartus noch einmal zu einem gewissen Renommee.

45

Davon sprachen allerdings manche Leute mit vorgehaltener Hand. In seinen Séparées pflegten die Kellner vor ihrem Eintreten einen Hustenreiz zu bekommen. Die Wände bestanden aus Spiegeln, in die Vornamen und von Pfeilen durchbohrte Herzen eingeritzt worden waren, mit den Steinen von Brillantringen natürlich. Solche trugen die finanzkräftigen Malepartus-Kavaliere ja.

Es gab noch mehr interessante Lokale. Die gutbürgerlichen »Drei Hasen« brachten es zu einem ehrwürdigen Alter, bis sie verschwanden. Eine vielbesuchte Wirtschaft hatte sich den originellen Namen »Zum Schmalen Handtuch« zugelegt. Ein besonders erwähnenswertes Wirtshaus wurde 1846 von einem Bierbrauer aufgemacht. Im »Taunus«, so hieß es, mag es zwei Jahre später manchmal stürmisch zugegangen sein. Die Erzrevolutionäre Robert Blum und Hecker zählten damals zu den Gästen.

Die Große Bockenheimer Straße und die Kalbächer Gasse waren bei den Frankfurtern oft im Gespräch. So erzählte man sich von einer älteren Frau, die dort in einem Lädchen Knöpfe und Bänder verkaufte. Nach Ladenschluß konnte sie nicht rasch genug in ihrem Haus auf dem Sachsenhäuser Berg sein. Dort hingen die Gemälde ihres verstorbenen Sohns, sie war die Mutter von Fritz Böhle.

Quasi nebenan, in der Kaiserhofstraße, war der Karikaturist Lino Salini aufgewachsen. Seine gemütvolle Art hinderte ihn nicht daran, mit seinem Zeichenstift energisch hinter allen Frankfurter Prominenten herzujagen. In den großen Jahren des Filmrauschs lief in Frankfurt ein Bildstreifen mit dem Titel »Stern von Rio«. Bald sprach es sich in der Stadt herum, der »Stern« sei eine Frankfurterin und stamme vom Säuplätzchen. Die Karriere der hübschen Tänzerin, die sich La Jana nannte, endete mit ihrem jähen Ableben.

Die Freßgass ist seit Kriegsende nicht mehr zur Ruhe gekommen. Nun hat sie noch den Bau der U-Bahn zu überstehen. Wie wird sie danach sein?

Die Goethestraße hat noch ihre Vornehmheit bewahrt

Dazu tragen vor allem die eleganten Geschäfte bei

Für die Frankfurter gehörten Steinweg und Goethestraße von jeher zusammen. Der Eindruck dürfte sich verwischt haben. Nur mit einem Umweg und bei grünem Licht kommt man wohlbehalten von einer Straße zur anderen. Außerdem ist da noch ein Hindernis, Obstände und Buden für hungrige Passanten. Dem sonst so auf Bequemlichkeit versessenen Frankfurter scheint es die größte Freude zu bereiten, wenn er seine Bratwurst im Stehen aus der Hand verzehren kann. Die Kleinmarkthalle am Steinweg erinnert ein wenig an die Zeit vor 1890. Da gab es noch keinen Durchbruch zur Goethestraße.

Der Steinweg ist ohne Bürgersteige zu einem großen Geschäftshof geworden. Nicht nur an der Treppe zur U-Bahn herrscht reger Verkehr. Ältere Leute vermissen wohl einen Laden, der schon damals zeitfremd wirkte, das Musikgeschäft von André. Die Andrés hielten Freundschaft mit Mozart, was allerdings nicht ihr Schaden war. Bei einem seiner Besuche brachte der Komponist eine hübsche Falzerin des Musikverlags in böse Verlegenheit. Er engagierte sie zu einem Tanz. Es ist anzunehmen, daß sie noch als Großmama ihren Enkeln erzählte, wie sie im Arm des großen Mozart dahingewalzt war. – Ein Filmpalast prägt seit Jahren das Straßenbild. Er wächst sich zu einer Massenniederlassung von Kinos aus, im kommenden Jahr werden es vier sein. An der Ecke sind modische Augengläser zu haben. Wenn man – nebenbei bemerkt – gewissen Werbeplakaten Glauben schenken darf, wird eine Frau durch eine Brille erst schön.

1341 ist der Steinweg schon erwähnt worden. Damals stand er in dem Ruf, daß man dort nach einem starken Regen im Morast versank. Daher mußte er mit Steinen eingefaßt werden, was ihm den Namen gab. In der früher so unwirtlichen Gegend entstanden dann aber so respektierliche Gasthöfe wie der »Weidenbusch« und der »Rheinische Hof«. An das Hotel zum Schwan erinnern sich nicht nur die Frankfurter aus dem Geschichtsunterricht. Dort beendete das gerade geborene Reich den Sieg über Frankreich mit einem Friedensschluß. Einen moralischen Sieg feierten hinterher allerdings die Frankfurter. Als die französischen Unterhändler, denen harte Bedingungen auferlegt worden waren, durch die Straßen fuhren, blieben die Leute stehen und zogen den Hut. Sie wollten damit ihr Bedauern zeigen. Wilhelm II. wohnte während seiner Frankfurt-Besuche gern im Schwan, den er wohl als Denkmal für den Triumph seines Großvaters betrachtete. Er fühlte sich indessen tief verletzt, als die Stadtväter die kaiserliche Hotelrechnung zu hoch fanden. Wilhelm pflegte allerdings nicht mit Dünnbier zufrieden zu sein.

Frankfurt kann sich rühmen, die einzige Spielhölle des Mittelalters besessen zu haben. Sie war am Steinweg und hieß »Zum Heißenstein«. Mit den Würfeln rollten da erhebliche Beträge in den Stadtsäckel. Die Messegäste waren die leidenschaftlichsten Hasardeure. Doch die Frankfurter sorgten dafür, daß sie einen Teil des auf der Messe verdienten Geldes in der Stadt ließen; sie nahmen nämlich die Spielbank später in eigene Regie.

Die Goethestraße war zum Flanieren da. Diese Art der Fortbewegung ist mit Spazierengehen nur mangelhaft übersetzt. Es ging dabei um eine von gesellschaftlichen Vorurteilen bedingte Verhaltensweise. Man wollte unbedingt gesehen sein, ließ es sich aber nicht anmerken. Auf der anderen Seite ließ man die Blicke in unauffälliger Weise umherschweifen. Nach dieser Anstandsregel richteten sich insbesondere die Damen. Zu Beginn des Jahrhunderts stand der Goethestraßenbummel in Hochblüte. Er war gleichzeitig eine inoffizielle Modenschau. Die Männer wischten sich am Opernhaus noch rasch über die Lackschuhe, um tipptopp zu sein. Wie sie das elegante Spazierstöckchen zu halten hatten, war von ihnen vor dem Spiegel hinreichend geprobt worden. Ihr neuestes Kleid oder tailor-made Kostüm zeigten die Damen prinzipiell erst einmal beim Nachmittagsbummel auf der Flanierstraße.

Der Weg vom Opernhaus zum Goetheplatz wurde oft lang. Auf dem Weg traf man regelmäßig Bekannte, bei denen man wohl oder übel stehenbleiben mußte, schon, um sich die neuesten Börsenwitze zu erzählen. Über die letzte Ehescheidungsaffäre in der sogenannten Gesellschaft hatte man natürlich auch zu schwätzen, wobei der Heiterkeitserfolg über den Liebhaber im Schrank nicht zu unterschätzen war. Auf dem Bummel hatte man immer die Chance, einen jener Mitbürger zu sehen, über die in der Stadt sozusagen Buch geführt wurde. Zu ihnen gehörte auch der Buffo Schramm vom Opernhaus. Er wurde stets mit einem wohlgemeinten Lächeln begrüßt, als vollführe er auf der Goethestraße einen Nachtanz hinter einem Operettenduett. Die große Augenweide für die Frauen war Georg Lengbach. Mit österreichischem Bühnencharme hielt er die Spitze der Männer, von denen die Frankfurter Frauen auch mit offenen Augen träumten. Manche hatte sein Foto als Ersatz für ausgebliebene Abenteuer am Bett stehen. Wenn Lengbach auf der Goethestraße gesichtet worden war, rasselten hinterher die damals noch relativ seltenen Telefone. Schließlich sollte auch die Freundin wissen, welches Krawattenmuster der Beau auf der Goethestraße getragen hatte.

Als das Frankfurter Schauspielhaus am heutigen Rathenauplatz noch stand, interessierten sich nicht nur die Leute auf der Goethestraße für das, was vor und hinter den Kulissen vor sich ging. Die Liebe der ganzen Stadt galt dieser Bühne. Nachdem mit Goethes »Iphigenie« der Vorhang zum letztenmal gefallen war, gab es nicht genug Taschentücher für nasse Augen. Weniger sentimental erwiesen sich allerdings die Frankfurter Feuerwehrleute. Als einmal in der Garderobe ein Brand ausbrach, zeigten sie wenig Lust zu Löscharbeiten. Anscheinend hielten sie einen sogenannten Musentempel für so überflüssig, daß man ihn bedenkenlos abbrennen lassen konnte.

Ob die Frankfurter die Geschichte erfanden, um einen ihrer Mitbürger in den Ruf der Kulturbarbarei zu bringen, mag dahingestellt bleiben. Bei ihr geht es um einen Mann, der sich während einer Vorstellung in einem nahen Restaurant das Souper wohlschmecken ließ. Sein Diener saß währenddessen im Theater. Sobald es auf der Bühne spannend wurde, mußte der Diener seinem Brotgeber davon berichten, der eilte dann ins Theater. Bezeichnend für die Frankfurter war, was sich bei der Premiere vom »Bürgerkapitän« zutrug. Ein belangloses Volksstück, so wurde vorher gelästert. Überspannte Intelligenzlerinnen, die sich an erschütternden tragischen Dialogen weiden wollten, rümpften die Nasen. Allein es gab eine Überraschung. Kaum hatte die Schauspielerin Lindner den ersten Mundartsatz von sich gegeben, da brachen Lachen und Beifall los. Er heißt: »Geb emal dem Schawellche en Stumper«! Der sehr beliebten Demoiselle Lindner machte später die Körperfülle zu

In der Goethestraße

schaffen. Zwei starke Männer mußten ihr die Korsage schnüren, damit sie mit ihrer Figur auf der Bühne bestehen konnte.

Die Goethestraße hat, was das Gesicht angeht, ihre Vornehmheit bewahrt. Dazu tragen auch ihre eleganten Geschäfte bei. Gleich an der Ecke vom Rathenauplatz kann man sich orientieren, was der feine Herr trägt, den es trotz aller Wehklagen demnach noch geben muß. Es ist auch für den Ehrgeiz der Frauen und Mädchen gesorgt, die ebenso selbstgefällig über die Goethestraße schlendern möchten wie die vor über fünfzig Jahren. Die Farben, die in den Schaufenstern ihrer Bezugsquellen aufleuchten, hätten ihre Omas und Uromas allerdings schockiert. Buchhandlungen gehören in eine Straße mit Niveau. Die in der Goethestraße stellen mit ihren Auslagen dem Geschmack der Frankfurter Leser ein gutes Zeugnis aus. Schließlich ist in der Nähe des Opernplatzes in einem Café noch ein Stammtisch zu finden, an dem sich Herren im vorgerückten Alter treffen. Er wird der Tradition der Straße gerecht, in der über alles geschwätzt und kritisiert wurde.

Auf den Spuren der Rokoko-Playboys

Spaziergang durch die Große Eschenheimer Straße

In der Großen Eschenheimer Straße wurde deutsche Geschichte gemacht, und zwar im Palais Thurn und Taxis. Es wurde von 1732 bis 1741 nach Plänen des Pariser Architekten de Cotte gebaut. Bauherr war der Fürst von Thurn und Taxis. Er hatte als Kaiserlicher General-Erb-Postmeister so enorme Einkünfte, daß die Räume seines Schlosses mit Gold und Silber überladen waren. In denen wurden natürlich rauschende Feste gefeiert. Die führten allerdings zu Unzuträglichkeiten mit den Frankfurtern.

Es begann mit Querelen bereits bei den Bauarbeiten. So beklagte sich ein Nachbar darüber, die wachsenden Mauern würden ihm das Licht wegnehmen. Ein anderer beschwerte sich, sein Weinstock werde verdorben. Ernster waren dann die Mißhelligkeiten, die der berühmte Anhang des Fürsten heraufbeschwor. Wenn die Cavaliere über Gebühr gefeiert hatten, schreckten sie zum Zeitvertreib die Bürger mit Trompetenstößen und Pfeiforgien aus dem Schlaf. Sie jagten sogar in der Großen Eschenheimer Straße späte Passanten mit gezogenen Degen vor sich her. Das Maß war voll, als einer der Edelleute in den Frankfurter Straßen ein Schwalbenschießen veranstaltete. Ein anderer Rokoko-Playboy ging mit einer achtzehnjährigen Bürgerstochter durch. Dazu kamen Zwistigkeiten zwischen der Stadt und dem kaiserlichen Posthalter. Dem stellten die Sachsenhäuser daraufhin in Aussicht, sie würden ihn bei nächster Gelegenheit samt seiner Equipage in den Main werfen. Grollend kehrte daher Anselm Franz von Thurn und Taxis Frankfurt den Rücken.

Das Palais hatte immer wieder hohen Besuch. Wie ein Witz der Weltgeschichte mutete es an, daß es eine Zeitlang auch Karl von Dalberg beherbergte. Napoleon hatte ihn zum Großherzog gemacht, und als solcher regierte er eine Stadt, die von Monarchen aller Art nichts wissen wollte.

Die Heilige Allianz weilte vollzählig in dem Palast in der Großen Eschenheimer Straße. Friedrich Wilhelm von Preußen marschierte sporenklirrend herum, Kaiser Franz von Österreich spielte Violine, Zar Alexander von Rußland bewunderte wie ein westlicher Flaneur die Frankfurter Damenwelt – und das durch ein Lorgnon. Seine größten Tage erlebte dann das Palais von 1806 bis 1866 als Sitz des Deutschen Bundestags. Auch Bismarck war dabei und nannte es einen Fuchsbau, wiewohl er selbst diplomatische Winkelzüge auch nicht verachtete. Das Palais verfiel, als es seine politische Bedeutung verloren hatte. Die Fledermäuse nisteten sich in seinen Mauern ein. Später nahm es das Museum für Völkerkunde auf. Im letzten Krieg wurde es bis auf sein Portal zerstört. Es bildet heute den Eingang zum Fernmeldeamt.

Es gab in der Großen Eschenheimer Straße noch manche Sehenswürdigkeiten. Wenn die Frankfurter früher an der Ecke zur Zeil vorüberkamen, hatten sie jedesmal ihre helle Freude. Dort stand das sogenannte Fratzeneck. Von seiner Fassade schauten vierzehn ulkige Masken herunter, unter ihnen auch Petrus mit langem Bart und Heiligenschein. Das lustige Haus steht nicht mehr, ebenso verschwunden ist das prächtige Gebäude, das sich der Bankier Mühlens 1803 bis 1806 von Salins de

Portal des Palais Thurn und Taxis

Monfort bauen ließ. Im Jahr 1907 wurde auch das »Haus zur Gottesgnade« abgebrochen. Der anspruchsvolle Name stand mit goldenen Buchstaben über dem Tor.

Aus der geschichtsträchtigen Straße wurde später eine Art Vergnügungsviertel. Das begann schon vor dem Ersten Weltkrieg und endete nach dem zweiten. Die ganze Straße schien aus Lokalen verschiedener Güte zu bestehen. Gleich hinter der Hauptwache gab es eine ausgesprochene Herrenbar. Im ersten Stock befand sich eines jener Restaurants, in denen es ein Vergnügen war, mit dem Herrn Ober einleitend über die Speisefolge zu plaudern. Nicht weit davon war Frankfurts bekannteste Fußballkneipe. Jeder Gast lauerte nur darauf, daß einer vom Konkurrenzverein Anlaß zu einer stürmischen Debatte gab. Auf der anderen Straßenseite gab es eine richtige Frankfurter Weinstube, in der jeder Schluck mit Andacht getrunken wurde. Dort verkehrte auch Fried Stern, Journalist, Maler und stadtbekannter Bohemien. Mit der Hand am Glas erzählte er Geschichten, bei denen man vor lauter Freude am liebsten geweint hätte.

In einem anderen Lokal bestimmte der Alleinunterhalter die Stimmung. Er sang den Damen gefühlvolle Schnulzen ins Ohr, was von ihren männlichen Begleitern aus egoistischen Gründen begrüßt wurde. An der Ecke nach dem Eschenheimer Turm zu war das Café Hambitzer. Eine Zeitlang ging ganz Frankfurt dorthin. Später gab es da eine Bar, mit »Bardamen«, die man auch als solche bezeichnen konnte.

Die Große Eschenheimer Straße fand gewissermaßen ihre Fortsetzung mit einem Etablissement, das generell »Groß-Frankfurt« hieß. Es lag an der Kreuzung mit der Stiftstraße und enthielt gleich eine Sammlung von Vergnügungsstätten. Als Kino und Operettentheater machte es von sich reden. Auch besaß es einmal mit der »Weinklause« ein repräsentatives Kabarett. Mit seinem roten Plüsch ähnelte es einem großen Salon. In der späteren »Scala« ging es weit volkstümlicher zu, wenn Claire Waldoff mit wehender roter Tolle auf die Bretter brauste.

Heute bestimmen auf beiden Seiten Läden das Gesicht der Straße. Vor einem hochmodernen Modegeschäft schauen sich junge Leute nach dem neuesten Schrei um. Die Hausfrauen interessieren sich mehr für einen Eckbau, in dem zu haben ist, was insbesondere die Küchenarbeit zu einer wahren Erholung machen soll. Lebensmittelgeschäfte gibt es, und in einem Etageninstitut jede Hilfe für Schönheitssuchende, von der Dauerwelle bis zum Toupet. Im Durchgang nach der Schillerstraße sieht es nach Boulevard aus. Man genießt Kaffee und Eisbecher an Tischen im Freien. Ob sich dieser oder jener unter einem Sonnenschirm daran erinnern kann, daß einmal ein Pferd der beliebteste Gast der Straße war? Der Gaul polterte, den Wagen hinter sich herziehend, vor diverse Ladentüren. Er wußte, daß die Verkäuferinnen herauskamen, um ihn zu füttern. Das erscheint heute so unwirklich wie die Tatsache, daß sich einmal das Gebäude der »Frankfurter Zeitung« auf der Paradestraße der Gastronomie fast unauffällig ausnahm.

Entzückt von der Frankfurter Mundart

Wo die verwöhnte Kundschaft einkaufte / Roßmarkt-Reminiszenzen

Die Gegend um den Roßmarkt herum war im Mittelalter freies Feld. Sie wurde durch ihre Pferdemärkte bekannt. Die florierten, denn schließlich hatten sie ja einen Großabnehmer, den Generalpostmeister von Thurn und Taxis. Auch ganze Kavallerieregimenter deckten ihren Bedarf auf dem Roßmarkt.

Auf alten Stichen ist zu sehen, daß dort reges Leben herrschte. Es wimmelte offenbar von Equipagen, Reitern und Spaziergängern. Ein Frankfurt-Besucher schilderte in seinen Reisebeschreibungen, daß man die Bevölkerung auf dem Roßmarkt am besten kennenlerne. Er habe da nur lachende und scherzende Menschen angetroffen. Von der angenehm klingenden Frankfurter Mundart war er entzückt. Allerdings dürfte bei ihm eine galante Voreingenommenheit mitgespielt haben. Er behauptete nämlich, das »Frankfurterische« habe aus dem Mund hübscher Frauen besonders melodisch geklungen.

Nach der Zerstörung im Krieg erinnerte der Roßmarkt in gespenstischer Weise an die Zeit, da dort noch kahles Gebäude war. Die wertvollen Gebäude, die Zeugen aus einer Epoche der Wohlhabenheit und Saturiertheit waren, standen nicht mehr. Zu ihnen gehörte auch das Mummsche Haus. Sein berühmtester Logiergast war Kaiser Franz I. Während seiner Krönungstage 1745 wohnte er dort. Bei dem Krönungsfest für den zweiten Franz gab es für die selbstbewußten Frankfurter einigen Ärger. Fürst Esterhazy hatte für eine feierliche Illuminierung zu sorgen. Doch die malerischen Frankfurter Hauswände waren ihm hierfür nicht gut genug. Er ließ auf dem Roßmarkt aus Brettern und bemaltem Leinentuch eine künstliche Wand hinstellen, die zur Huldigung des Gekrönten angestrahlt wurde. Solche Lichtovationen schienen übrigens auf dem Roßmarkt an der Tagesordnung zu sein. So wurde das Haus Nummer 23 zum Zeichen dafür, daß der Gesandte des Königs von Frankreich dort allergnädigst abgestiegen war, verschwenderisch erleuchtet.

Manche der alten Häuser auf dem Roßmarkt fielen durch pittoreske Gestaltung ihrer Front auf. Zu ihnen zählte auch eins aus der Hohenzollernära, das im Besitz der Ravenstein-Erben war, die auch leidenschaftlich um seine Erhaltung kämpften. Dem damaligen Hang zum Allegorischen und Pompösen entsprechend, waren am Giebel zwei Figuren angebracht worden, ein eiserner Jüngling und eine eiserne Jungfrau. Ihre theatralisch-hochgereckten Arme trugen Lichtfackeln. Die Fackelträgerin hielt schlicht, fast mit einer koketten Geste, ihr aufgeschlagenes Röckchen fest.

Ein anderes Haus aus der Jahrhundertwende bot ein Rätsel. Es zeigte eine Figurengruppe mit einer beherrschenden Frauengestalt und darunter eine Eule. Was das Ganze darstellte und wer der Bildhauer war, blieb unbekannt. Das dürfte ein einmaliges »Wunder« sein, denn sonst wissen die Frankfurter doch über jeden Stein in ihrer Stadt Bescheid.

Der Englische Hof am Roßmarkt war einmal das repräsentative Hotel der Stadt. Fürsten, Generäle und sonstige Persönlichkeiten von Bedeutung trugen als Gäste zum Ruf des Hauses bei. Es gab

Am Roßmarkt

allerdings einen Besucher, der im gastronomischen Sinn mehr galt als jene Elite. Das war der russische Graf Stroganoff, auch er zählte zu den Freunden des Hauses. Er steht bis auf den heutigen Tag bei allen Gourmets der Erde in hohem Ansehen. Der Russe hat nämlich das Rezept für ein Filetgulasch erfunden, das auch nach ihm genannt ist. Alle renommierten Köche mochten sich mit Gulasch à la Stroganoff bei ihren Gästen Respekt verschaffen, wiewohl Eingeweihte behaupten, hinter das Geheimnis des russischen Feinschmeckers sei man nie richtig gekommen, auch nicht am Englischen Hof. Dort speiste übrigens täglich auch Arthur Schopenhauer. Von den Hotelangestellten wurde ihm zum Scherz unter die Nase gerieben, er würde für drei essen. Darauf entgegnete der Philosoph, daß er ja auch für zehn zu denken habe.

Für die Güte des Englischen Hofs zeugte schon hinreichend ein Tafelaufsatz, der bei besonderen Gelegenheiten präsentiert wurde. Er bestand aus geschliffenen Spiegeln, die mit Girlanden eingefaßt waren. Die dazugehörenden Blumentöpfe wurden von Amoretten getragen. Das monströse Kunstwerk maß vier Meter und stammte von dem Pariser Thomire.

54

Um die Jahrhundertwende zog der Roßmarkt die verwöhnte Kundschaft an. Dort waren englische Luxusartikel und feine Silberwaren zu haben. Bei Passavant und seinem Nachfolger gab es alles an Seide, wovon Frauen träumen. Auch der Tailleur Jureit gehörte sozusagen auf den eleganten Platz. Bei Jureit war es keine Frage, ob der Anzug dem Kunden paßte, es ging vielmehr darum, ob der Kunde dem Meister paßte. Mit einem Jackett von Jureit war man das, was salonfähig genannt wurde, von der faltenlosen Hose ganz zu schweigen. Zu dem Lebensstil, der sich da manifestierte, gehörte auch ein vornehmer Delikatessenladen wie Schepeler.

In der Kunsthandlung von Prestel war ein Hauch von Montmartre zu spüren. Da konnte man Steinle, Morgenstern und den Größen der Kronberger Malerschule begegnen. Es gab besorgte Diskussionen über die Zukunft der Malerei. Von den Übermodernen hieß es, sie wollten den Weltuntergang herbeiführen. Die Wertschätzung der Kronberger Schule gehörte bei den Frankfurtern zum guten Ton. Wenn sich ihre Damen bei Foerst oder Laumer zum Kaffee trafen, ließ diese oder jene beiläufig verlauten, daß sie einen Schreyer oder Burger an der Wand hängen habe.

Geschäfte auf dem Roßmarkt wurden von den Frankfurtern als Goldgrube bezeichnet. Das verpflichtete ihre Besitzer, von denen manche stadtbekannte Grandseigneurs waren. Sie pflegten in Gehrock und Zylinder aufzutreten, den Stock mit dem goldenen Knauf lässig unter dem Arm.

Es war keine geringe Überraschung für die Frankfurter, als sie auf dem Roßmarkt einen sogenannten Zeitball entdeckten. Der fiel pünktlich mittags um ein Uhr herunter. Die Leute konnten ihre Uhren danach stellen, was allerdings einen Haken hatte. Sie mußten Punkt eins auf dem Roßmarkt sein. 1955 wurde in altbewährter Manier eine Normaluhr hingestellt.

Die Sehenswürdigkeit am Roßmarkt war ein geschmackvoller Springbrunnen. Delphine schmückten ihn, wie auch eine Skulptur, die den Ringkampf von Herkules mit Antäus zeigte. Der bei den Frankfurtern beliebte Brunnen mußte einem Denkmal weichen, das allen Gefahren der Zerstörung entgangen ist.

Nach dem Salzhaus hin stehen noch zwei reichverzierte Häuser aus der Gründerzeit, die für die Tradition des Platzes sprechen. Im übrigen ist der Roßmarkt ein lockeres Terrain für Pfadfinder geworden. Nur mit Geschick und Erfahrung kommt man darauf, wie er bei Grün am bequemsten zu überqueren ist und ob man die Unterführung benutzen soll. Hellseher sind dabei im Vorteil. Nur sie können wissen, ob die Rolltreppen intakt sind.

Auf dem Roßmarkt

Bewegte Vergangenheit

Das Gutenbergdenkmal auf dem Roßmarkt hat eine bewegte Vergangenheit. An seinem Platz stand einmal ein prächtiger Springbrunnen mit Gestalten aus der Antike. Sie wurden von Delphinen getragen. Der Brunnen, auf den die Frankfurter so stolz waren, mußte jedoch dem Gutenbergmonument weichen, was hinterher noch zu Unzuträglichkeiten führen sollte.

Der Gedanke, Gutenberg ein Denkmal zu errichten, enstand bereits im Jahre 1840, als seine Erfindung vierhundert Jahr alt wurde. Es gab in Frankfurt aus diesem Anlaß die reinste Jubelfeier, zumal gerade hier die erste Schnellpresse aufgestellt worden war. Als gar der Bildhauer Eduard von Launitz eine Gruppe des Dreigestirns Gutenberg, Fust, Schöffer auf dem Roßmarkt postierte, wurde spontan beschlossen, die drei Männer in Erz auf einen Sockel zu stellen. Was allerdings noch alles bis zur Denkmalsenthüllung geschah, glich einem überaus amüsanten Lustspiel.

Das Gutenbergdenkmal

56

Zunächst gab es hitzige Debatten darüber, wo das Monument auf dem Roßmarkt seinen Platz finden sollte. Leichten Herzens wollte man den schönen Brunnen nicht opfern. Dann drehte es sich um die Kosten, und auch dabei gab es heiße Köpfe. 28 000 Gulden waren für das Projekt veranschlagt worden, doch es stellte sich heraus, daß man sich verrechnet hatte. 11 000 Gulden mehr mußten noch herbeigeschafft werden.

Inzwischen hatte sich ein Komitee für das Bauvorhaben gebildet. Seine Mitglieder verließen sich natürlich in ihrer Notlage auf die Großzügigkeit der Frankfurter Bürgerschaft. Die Spenden flossen auch reichlich. Aber damit nicht genug! Auch an die Sänger vom Cäcilienverein, vom Liederkranz und der Liedertafel wurde appelliert. Sie sollten Konzerte zugunsten des Denkmalfonds geben. Selbst an eine Opernvorstellung für den gleichen Zweck wurde gedacht. Dem Dirigenten war sogar versprochen worden, daß sein Name aus Dankbarkeit in das Denkmal eingegraben würde.

Das peinlichste an der ganzen Denkmalgeschichte war indessen, daß es mit dem Bau absolut nicht weiterging. 1840 war die Idee dazu aufgetaucht, und erst 1854 wurde der Grundstein gelegt. Wer glaubte, daß nun alle Schwierigkeiten behoben wären, sah sich getäuscht. Die Frankfurter warteten weiter vergeblich auf die Sehenswürdigkeit, die ihnen versprochen worden war. Einige besonders Verärgerte verlangten sogar ihre Spenden zurück, und die Presse hatte alle Mühe, die Leute zu beruhigen. Auf der anderen Seite sparten die Zeitungen auch nicht mit Ausfällen gegen die verantwortlichen Herren. Selbst der Bildhauer von Launitz kam nicht ungeschoren davon. Zu seiner Entschuldigung wurde immer wieder erklärt, er sei mit Arbeiten überhäuft, und mit seiner Gesundheit stehe es auch nicht zum besten.

Im Jahr 1858 war das Denkmal endlich fertig. Jeder wartete auf die feierliche Enthüllung. Allein die Komödie war noch nicht zu Ende. Die Enthüllung fand nicht statt. Schuld daran war ein Bauzaun, der aufgestellt worden war, weil sich zu derselben Zeit ein hoher Würdenträger in Frankfurt auf der Durchreise befand.

Im Jahr 1890 wurde manches nachgeholt, was versäumt worden war. Vor dem Denkmal fand ein feierlicher Huldigungsakt zum 450. Jubiläum der Erfindung der Buchdruckerkunst statt. Ein Gesangverein ließ sich hören. Er hatte sich den überaus passenden Namen »Gutenberg« zugelegt.

Die Bankenstraße ist sich treu geblieben

Ein Porträt der Neuen Mainzer / Wo die Ware Geld vertrieben wird

Sie war schon immer die Straße der Banken und Bankiers. Auch heute reihen sich in der Neuen Mainzer Straße vom Opernplatz bis fast an den Main die Geldinstitute aneinander. Wo sie am Opernplatz anfängt, fällt allerdings zunächst ein Feinschmeckerlokal auf, dessen französischer Name wie eine raffinierte Speisekarte wirkt. Gegenüber bekommt man gewöhnlich den Duft von Feingebäck in die Nase. »Confiserie« steht über der Ladentür. Es ist nicht weit bis zur Neuen Rothofstraße. Nahe der Kreuzung war einmal eine bekannte Weinwirtschaft. Dort trafen sich alteingesessene Frankfurter. Wer in ihre Unterhaltungen hineinhörte, mußte annehmen, der Weltuntergang stehe vor der Tür; denn bei den Verhältnissen in Frankfurt könne er gar nicht ausbleiben. Allerdings sahen sie dem vermeintlichen Unheil bei würzigen Spätlesen mit Behaglichkeit entgegen.

Im Weitergehen bemerkt man an einer langen Bretterwand eine bunte Collage von Werbeplakaten. An der Junghofstraße stehen dann zwei Bankgebäude aus einer früheren Epoche, eines mit Säulen. Verglichen mit ihnen, erscheinen die heutigen Bankbauten trotz ihrer imponierenden Maße wie nüchterne Geschäftshäuser, in denen die Ware Geld vertrieben wird. Als echtestes Denkmal einer Alt-Frankfurter Bank präsentiert sich das Haus mit der Nummer 55. Mit einiger Phantasie kann man sich vorstellen, daß hinter seinen ehrwürdigen Mauern noch der Geist von »Soll und Haben« umgeht. Wer die Straße von früher kennt, vermißt mit Bedauern das ehemalige Nebenhaus, das der Familie du Fay gehörte.

Einen breiten Raum im Straßenbild nimmt die Sparkasse von 1822 ein. Ihre Halle macht mit dem freundlichen Blumenbeet und dem tiefblauen Wasserbecken einen festlichen Eindruck. Ob sich die bescheidene ältere Dame, die sich an einem Schalter nach den Zinsen für ihr kleines Guthaben erkundigen will, hier nicht ein wenig fremd vorkommt? Immerhin haben die Frankfurter eine alte, auf Vertrauen gegründete Freundschaft mit ihrer Sparkasse. Das geht bis auf das unruhige Jahr 1848 zurück. Da ging es in der Stadt mit Barrikaden drunter und drüber. Die Leute bangten um ihr gespartes Geld. Doch die Kasse zahlte prompt aus, ohne vorherige Kündigung.

Auf der anderen Straßenseite lädt eine Riesenbaustelle zu dem Wettlauf ein, an dessen Ende die Himmelslinie der Stadt noch steiler werden soll. Als gutgehendes Geldinstitut kann man schließlich auch das Finanzamt an der Ecke der Großen Gallusstraße bezeichnen. Immer wieder beeindruckt, steht man vor dem Giganten Commerzbank. Leuten, die noch in alten Größenverhältnissen befangen sind, verschafft der steile Blick nach oben womöglich eine Art Alptraum. Dabei mußte ihnen die U-Bahn noch klarmachen, daß wir nicht mehr in der Zeit leben, in der die Bankiers der Neuen Mainzer Straße geruhsam auf Gummirädern zur Börse fuhren. In dem Juweliergeschäft an der Kaiserstraße scheint indessen die Zeit auf eigene Art zu verharren. Es hat wohl mit dem Kreislauf im Geldviertel zu tun, daß sich die Bankiersfrauen da gewohnheitsmäßig mit Schmuck eindecken. Schräg gegenüber wirbt ein Filmpalast mit Standfotos, die mehr als Kurzweil versprechen.

In der Neuen Mainzer Straße

Wieder tut sich eine Bauwüste auf. Wie Schiffsmasten in einem Binnenhafen steigen die Krane auf. Wenn der ganze Komplex bebaut ist, wird dort manchem alten Stadtbewohner nur mit Mühe klarzumachen sein, wo er sich eigentlich befindet. Einstweilen ist von da der Blick nach der Theaterfront noch frei. Das Wort »Schauspiel« steht in großer Aufmachung da. Das erinnert an ein unauffälliges Restaurant auf dem gleichen Terrain. Es nannte sich »Faust«, an sich recht anspruchsvoll für ein Lokal, wiewohl es wegen seiner »kleinen Theaterplatten« einen guten Ruf hatte. Dort lachten nach einer Vorstellung die Gäste oft noch lange über den Schauspieler Toni Impekoven, der den Zipfel seines Schlafrocks so urkomisch über die Bühne geschleift hatte. Wegen des »Fröhlichen Weinbergs« von Zuckmayer gab es auch im »Faust« Aufregungen. Dabei war doch im Schauspielhaus alles in allem eine biedere rheinhessische Familiengeschichte in Szene gegangen, und daß in einer betörenden Sommernacht die Tugenden zum Teufel gehen, hat schließlich Carl Zuckmayer nicht erfunden. In der Nachbarschaft spielt die Komödie. Bis zur Untermainbrücke ist nicht allzu

59

Bemerkenswertes mehr anzutreffen. Ein Lokal an der Ecke verspricht Originalität, was sogenannte Intellektuelle in seinen Keller gelockt haben dürfte.

In der Neuen Mainzer Straße hatte sich einmal der Reichtum der Stadt niedergelassen. Die Namen der Besitzer von Villen und Palais, wie Rothschild, Passavant, Grunelius, Hauck, Bernus, Metzler, Brentano sprechen deutlich hierfür. Die Guaitas sollen besonders genannt werden, da Frau Stephanie von Guaita die erfreuliche Ambition besaß, mittels einer Stiftung für alleinstehende Männer zu sorgen. Um den Kurfürsten Wilhelm von Hessen-Nassau brauchte sie sich dabei nicht zu kümmern. Der litt im Haus des Bankiers Jordan de Rouville nicht unter Einsamkeit. Da nahm sich seine Geliebte, die Gräfin Reichenbach-Lessonitz, seiner an. Deren Tochter, die Gräfin Bose, erwies sich trotz ihrer morganatischen Abstammung als Dame von hochedler Gesinnung. Sie vermachte unter anderem der Senckenberg-Gesellschaft das Geschenk von 800 000 Goldmark. In ihrem später vernachlässigten Palais war bis 1944 die Generalintendanz der Städtischen Bühnen untergebracht.

In den begüterten Kreisen der Straße war kultiviertes gesellschaftliches Leben anzutreffen. Besonders die Damen der tonangebenden Frankfurter Familien entwickelten den Ehrgeiz, zum Mittelpunkt eines geistvollen Zirkels zu werden, allen voran die Freifrau von Vrients zu Treuenfeld. Ihr angeborener Charme leistete ihr bei der Betreuung ihres Salons gute Dienste. Der Baron war Oberpostmeister bei Thurn und Taxis, also durchaus in der Lage, die lobenswerten Kapricen seiner Frau zu unterstützen. Sie selbst erbrachte nebenbei noch den Beweis, daß das Wort vom Eisernen Kanzler keine absolute Gültigkeit besaß. Fürst Bismarck, damals preußischer Gesandter beim Bundestag, schien dem Zauber der Baronin gegenüber keineswegs aus Eisen zu sein.

Nicht nur in privaten Kreisen der Straße gab es Bemühungen um die Pflege von Kunst und Kultur. Als das Städel in sein neues Heim auf dem Schaumainkai umzog, wurden seine Räume für die Polytechnische Gesellschaft frei. Die hatte sich unter anderem das Ziel gesetzt, überkommene Kunstformen vor dem Einbruch eines in Massen fabrizierten Kitsches zu retten. Ein von der Gesellschaft gegründetes Kunstgewerbemuseum sollte dabei zur Information und Erziehung des Publikums dienen. Allein mit dem rührenden Eifer war es nicht getan, hinter dem Bestreben der Gesellschaft standen einflußreiche Vertreter der Industrie. In diesem Zusammenhang ist auch die Musikbibliothek von Paul und Olga Hirsch zu nennen.

Um die Jahrhundertwende gab es in der Neuen Mainzer Straße bereits achtundzwanzig Bankinstitute. Daher gehörte auch die Casino Gesellschaft dorthin. Sie war ein exklusiver Klub, den sich auch das liberale Frankfurt nicht versagen konnte. Jedenfalls ist sich die Bankenstraße in all den Wirren der Vergangenheit treu geblieben, wenn auch aus altväterischen Kontoren technisch vollendete Geldzentren geworden sind. So bleibt nur noch ein Kuriosum zu erwähnen. In dem betriebsamen Revier gab es einmal ein echtes Idyll, das bei den Frankfurtern so beliebte Schweizerhäuschen.

Die Chaussee der Millionäre

Erinnerungen in der Bockenheimer Landstraße

Nicht viele Straßen in Frankfurt haben sich im Lauf der Zeit so gewandelt wie die Bockenheimer Landstraße. Sie hieß einmal Bockenheimer Chaussee und lockte die Ausflügler vor die Stadt. Mehr und mehr entwickelte sie sich zu einem geruhsamen Revier nobler Villen. Wenn sie heute gelegentlich die »Straße der Versicherungen« genannt wird, illustriert das am besten ihren veränderten Charakter.

Wo einmal am Opernplatz das malerische Bockenheimer Tor stand, erhebt sich heute eine ganze Bastion von Hochbauten. Sie bestimmen das neue Gesicht der Straße auf ihrem ganzen Weg. Sie

Schmiedeeisernes Tor in der Bockenheimer Landstraße

61

gehören deutschen und ausländischen Banken, beherbergen Büros von Versicherungsgesellschaften und von Industrievertretungen. Ein paar Bauten aus der Kaiserzeit und den Jahren danach stehen dazwischen. Man lächelt vielleicht heute über das Geltungsbedürfnis ihrer Besitzer. Doch mit ihren ein wenig gezierten oder auch monumentalen Fassaden wirken diese Häuser bescheiden und auch wohltuend neben den Stahlriesen mit ihrer schmucklosen Gleichförmigkeit. Für Geschäfte ist nicht viel Platz. Es gibt da Blumenläden und einen Lebensmittelmarkt, ein Postamt, ein Hotel, einen Restaurationsgarten und eine Weinstube. In einer kurzen Kolonnade sind Modewaren und Antiquitäten ausgestellt. Der Rest scheint sich in der »Prachtstraße« verirrt zu haben, Trinkhallen, Schnellimbiß und Tabakstand. Ein paar gepflegte Grünflächen wirken fast wie Raumverschwendung in einer Straße mit Höchstpreisen für Grund und Boden. Plötzlich taucht sogar eine Rosenhecke auf. Vor der Bockenheimer Warte präsentiert sich der »Unikomplex« jetzt schon mit umfangreichen Bauten. Der Wartturm selbst, der durch seine eigenwillige rote Farbe ein wenig fremd anmutet, erscheint geradezu niedlich, verglichen mit den Bollwerken der Hochfinanz entlang der Straße.

Wie ein vergessenes Denkmal steht das letzte alte Patrizierhaus da. Der Garten ist nur ein wenig verwildert, das wirkt wie reizvolle Patina. Die Besitzer der verschwundenen Paläste haben in der Frankfurter Geschichte meist eine Rolle gespielt. Das Haus nach dem Opernplatz gehörte dem Großbankier Rudolf Sulzbach. In dem Gebäude Nummer 8 wohnte Baron Max von Goldschmidt-Rothschild. Das war aber nicht der einzige Rothschild in Frankfurts vornehmstem Viertel. In der Nachbarschaft war auch Baron Willy mit seinen kostbaren Kunstschätzen zu finden. Auch die Villen der Gersons, der Gontards und der Gräfin Schönborn konnten sich sehen lassen. Schließlich hatte sich sogar ein echter Herzog, der von Nassau, unter den Geldaristokraten angesiedelt. Er paßte immerhin noch besser dahin als Otto von Bismarck, der als Gesandter Preußens im deutschen Bundestag in der Villa der Familie Adlerflycht wohnte. Bismarck wurde kaum irgendwo eingeladen. In ihrer bürgerlichen Selbstherrlichkeit hatten die Frankfurter etwas gegen Untertanen von Königen, selbst gegen prominente.

Ein Kuriosum war, daß selbst einem steinreichen Rothschild etwas zu teuer wurde, nämlich sein Nachbarhaus im Besitz der Gersons. Dessen geschäftstüchtiger damaliger Eigentümer verlangte einen exorbitant hohen Preis dafür. Als er ihn nicht bekam, vermietete er sein Anwesen an ein Tingeltangel. Es gab Lärm und, wenn es die Gäste endlich heimwärts zog, mitten in der Nacht Pferdegetrappel. Dem konnte Baron Willy nur durch einen Kaufvertrag ein Ende machen. Das Haus des Ärgernisses ließ er dann gleich einreißen.

Nun ging es allerdings nicht ganz so eintönig in der Millionärstraße zu. Im Jahr 1858 öffnete zwischen Unterlindau und Wiesenau ein Zoo die Tore. In einer romantischen Ruine war ein Bär zu bewundern. An der Wöhlerstraße gab es ein Restaurant mit Terrasse und Musikpodium, auf dem Militärkapellen gastierten. Dort verkehrte, was man damals die Hautevolee nannte. Auch das Publikum im »Frascati« an der Warte entsprach dem exklusiven Stadtviertel. Da gab es allerdings eine Attraktion besonderer Art. Die österreichischen Dragoner, die ja bis 1860 in Frankfurt in Garnison waren, musizierten. In ihren leuchtend weißen Uniformen und mit ihrem Operettencharme wurden sie zur Augenweide der Frankfurter Damen. Es wurde über Skandälchen getuschelt. Sonderlinge paßten eigentlich nicht in die feudale Gegend. Einen Außenseiter gab es doch, Künstler und

Puppenfreund. Im Möbelwagen kamen die Kostüme, die er seinen hölzernen Lieblingen anzog. Er verkehrte mit niemandem. Sein Domizil glich einem Spukhaus, nie wurde ein Fenster geöffnet.

1839 fuhr die erste Droschke durch die Bockenheimer Landstraße. Pferdebahn und Omnibus nahmen ihr dann viel von ihrer Geruhsamkeit. Alarmierend war es, als die Baronin Rothschild im ersten Frankfurter Elektromobil durch eine Straße »raste«, in der sich sonst die Equipagen auf Gummirädern bewegten.

Für die Bockenheimer Landstraße haben sich die Frankfurter oft ereifert. Wäre es nach ihnen gegangen, hätte kein Stein von den alten Häusern entfernt werden dürfen. Am meisten sorgten sie sich um die Kastanienbäume, die zum Reiz der Straße gehören. Abgase, Streusand und eingesickertes Öl trachten den Bäumen schon lange nach dem Leben. Als Gespenst droht im Hintergrund der U-Bahn-Bau. Die Stadt bemüht sich um die Beruhigung der Baumfreunde. Die Wurzeln sollen, wenn sie in Gefahr sind, künstlich bewässert werden. Und nur wenige Bäume müßten im schlimmsten Fall daran glauben. Solche Versprechungen finden nicht überall Glauben. Der Streit um die Kastanien wird bleiben, solange auch nur noch ein Baum steht.

Ein Café voller Erinnerungen

Das Haus mit dem Café Laumer paßt gar nicht mehr so recht zu seiner Umgebung in der Bockenheimer Landstraße. In der Nähe stehen jetzt Büroriesen und andere vielstöckige Gebäude, und so wirkt es in dieser Nachbarschaft, zumal es von Kastanienbäumen fast verdeckt ist, ein wenig wie ein vergessenes Idyll.

Das frühere Café Laumer war seit 1919 in der Eschersheimer Landstraße. Dort verkehrten fast täglich die Rundfunkleute, die ja ihre Büros gegenüber hatten (in der heutigen Musikhochschule). Eine der Töchter des damaligen Besitzers, Frau Laumer-Hildebrand, kann sich noch gut an die Größen des Frankfurter Radios in jenen Tagen erinnern, sogar an den Platz, an dem sie im Café gewöhnlich saßen.

Ende der zwanziger Jahre kam der Umzug nach der Bockenheimer Landstraße. Dort standen fast nur Villen, und in einer von ihnen etablierte sich das Café, das nun zu einem Anziehungspunkt für die Damen im Westend wurde. Mit dem Umbau mußte die Marmortreppe, die eine Zierde des Hauses war, verschwinden. Ein neuer Aufgang führte nun von dem gemütlichen Garten in die Gasträume im Parterre.

Seit fünfzehn Jahren ist das Café vermietet. Frau Laumer-Hildebrand, die jüngere der beiden Schwestern, weiß noch viel aus den Jahren bis dahin zu erzählen. Sie ist trotz allem Wandel durch die Zeit eine echte Frankfurterin geblieben. Wenn man sie sprechen hört, hat man noch einmal das Bild des Frankfurter Westends vor sich, wie es viele nur vom Hörensagen kennen.

Die Erzählerin ist heute noch stolz auf den Baumkuchen, den es im Laumer gab. Viele kamen eigens wegen dieser Leckerei dorthin. Allein das Krokanteis war nicht weniger beliebt. Der Kaffee hatte es in sich. Sonst hätten sich die Frauen dabei nicht oft stundenlang im Garten ausgeschwätzt. Abends, beim Schein der Lampen, machte das besonderen Spaß. Es wurde dabei nicht nur über harmlose Dinge

Das Café Laumer

geplaudert. Man tuschelte auch über mancherlei Geschichten, die in der Frankfurter Gesellschaft passierten, und die war ja gerade im Westend zu Hause.

Populäre Frankfurter ließen sich im Laumer sehen, bekannte Künstler, Lia Justus, Erwin Thauer und viele andere. Die Filmdiva Camilla Horn, eine geborene Frankfurterin, holte dort immer Kuchen, wenn sie ihre Mutter besuchen kam. An zwei, die ein unglückliches Ende nahmen, weiß sich Frau Hildebrand auch noch gut zu erinnern, an Matterstock und Sybille Schmitz.

Nicht nur »Kaffeetanten« verkehrten im Laumer, auch junge Leute. Oben im Haus war nämlich eine Tanzschule, und nach den Tanzstunden kehrten die Schüler noch einmal unten ein. Die Eltern hatten nichts dagegen, weil das Laumer, wie sie ausdrücklich betonten, »ein überaus anständiges Café war«.

Von der Beschaulichkeit ist viel geblieben

Links und rechts der Siesmayerstraße im Frankfurter Westend

Drei Frankfurter Oberbürgermeister trugen sich mit dem Gedanken, die Siesmayerstraße unter Denkmalschutz zu stellen. Daraus wurde nichts. Allein die feudalen Bürgerhäuser wirken schon wie unverrückbare Zeugen ihrer Entstehungszeit, zumal in Wintertagen, ein wenig leblos. Das Haus mit der Nummer 12 steht, wenn es auch eine besondere Vergangenheit hat, als Beispiel für die anderen da. Es wurde im Jahr 1896 von der Familie Bonn gebaut. Ihr Stammvater hieß Aron Jakob Karl zum Hirschen. Die Bonns kamen aus dem Getto in Domnähe in das exklusive Westend, ein nicht einmal ungewöhnliches Frankfurter Schicksal.

Das Bonnsche Palais

Ein Max Julius Bonn war ein beachtlicher Buchautor. In einer Selbstbiographie schilderte er seine Vaterstadt und deren Menschen, wie das nur ein hellsichtiger Verliebter fertig bringt. Das Haus wurde mit Pferdeställen und Kutscherwohnung an die Gesellschaft für Handel und Industrie, die im Jahr 1919 gegründet worden war, verkauft. Sie war bis dahin in der Villa vom Rath am Mainufer untergebracht. 1924 zog sie in die Siesmayerstraße.

Das Bonnsche Palais lieferte illustrative Beiträge zur Zeitgeschichte. Im Haus Nummer 12 wurde unter anderem ein Bierabend mit Hindenburg gefeiert, bei dem der sonst recht steife alte Soldat recht gelockert war. Dort entstand der damals sehr abenteuerliche Plan, eine Autostraße von Hamburg über Frankfurt nach Basel, die sogenannte Hafraba, zu bauen. Viele Persönlichkeiten von Rang trafen sich im Bonnschen Palais, zumal man sich unter den hohen Bäumen seines schönen Gartens wie geborgen vorkommen durfte. Das erwies sich allerdings nach 1933 für manche seiner prominenten Besucher als trügerisch, sie gingen einer leidvollen Zukunft entgegen. So wurde es zu einem makabren Scherz, daß der Vorsitzende des Volksgerichtshofs, der berüchtigte Roland Freisler, bei einer Diskussion in dem von Menschlichkeit geprägten Gebäude einmal das große Wort führte.

Die erste Fernsehübertragung vom Feldberg wurde im Haus mit der Nummer 12 empfangen. Der erste (von H. W. Lumme abgesehen) Frankfurter Nachkriegsoberbürgermeister Hollbach richtete hier im ersten Stock sein Amtszimmer ein. Scherereien gab es, als die Amerikaner erschienen. Sie hätten am liebsten den letzten Stuhl als Souvenir mitgenommen. Mit List und Tücke wurde das verhindert.

Große Erlebnisse hat die Straße inzwischen nicht gehabt, wenn man von denen absieht, die ihr politische Aktivität beschert haben. Das amerikanische Generalkonsulat wird mitunter zum Ziel von mißvergnügten jungen Leuten. Das Haus mit der Nummer 6 hat sich in eine Trutzburg gegen Grundstücksspekulanten verwandelt.

Die Straße ist nach dem Gartenbaudirektor Siesmayer benannt. Der hatte große Verdienste am Entstehen des Palmengartens, der die eine Straßenseite bildet. Eigentlich legten die Frankfurter ihren Palmengarten aus Trotz an. Nachdem sie um ihre Reichsfreiheit gekommen waren, sollte Frankfurt nicht noch zu einer langweiligen preußischen Provinzstadt werden. Selbst den Berlinern wollten sie das Staunen über den von ihnen geplanten Palmengarten beibringen. Also luden sie Kronprinz Friedrich gleich zur feierlichen Eröffnung im Jahr 1871 ein. Einer der Festredner beschwor bei dieser Veranstaltung die Vorsehung, sie möge jeden Schaden von der prächtigen Errungenschaft der Stadt abwenden. In der Nacht zum 11. August 1875 wirkte die Beschwörung nicht. Das Gesellschaftshaus brannte ab.

Der Palmengarten wurde zur Zuflucht für Ruhebedürftige und zu einem kultivierten Vergnügungspark zugleich. So kann ein junger Mann, und nicht nur ein junger, seine Begleiterin bei einer Bootsfahrt auf dem Teich mühelos aus dem Alltag entführen. Eine verschwiegene Grotte hat manchem dabei Hilfestellung geleistet. Die abenteuerliche Hängebrücke und das idyllische Schweizerhäuschen sind indessen nicht mehr vorhanden. Eheunlustige Männer taten gut daran, im Palmengarten Vorsicht walten zu lassen. Besonders gefährdet waren sie im sogenannten Heiratsgärtchen, einem von dichten Bäumen umstandenen stillen Ort. Wenn dort in dem für sie kritischen Moment vom Musikpavillon her auch noch Solveigs Lied durch die Zweige kam, war ihr Junggesellendasein keinen Pfennig mehr wert. Ein Gartenweg hieß die Seufzerallee, und zwar rührten die Seufzer keineswegs von Weltschmerz her. Familien mit heiratsfähigen Töchtern gaben somit das Geld für ein Palmengartenabonnement meist nicht umsonst aus.

Am Musikpavillon herrschte schon immer eine Stimmung wie auf einer Kurpromenade. Man spazierte auf und ab, als bewege man sich auf Parkett. Die älteren Herrschaften widmeten sich auf der Kaffeeterrasse der Chronique scandaleuse der Stadt. Von dieser zeitentrückten Beschaulichkeit ist viel geblieben, wie sich auch im Gesellschaftshaus ein Stück Frankfurter Leben mit Konzerten und Veranstaltungen aller Art abspielt. Sein Saal ist wie geschaffen für Bälle, vor allem Maskenbälle. Das angrenzende Palmenhaus bietet nämlich eine ideale Gelegenheit, sich vom Tanzen auszuruhen und sich dem Zauber des »loin du bal« hinzugeben. Die Sommernachtsfeste mit Lampions und Glühwürmchen stehen bei der Jugend hoch im Kurs, wobei Pop und Beat etwas ungewohnte Klänge für betagte Gartenfreunde sind.

Es gibt noch Männer, die im dunklen Jackett und mit gestreifter Hose in den Palmengarten gehen, weil sie das nicht anders gewöhnt sind. Manche Ehepaare besuchen ihn regelmäßig an dem Tag, an dem sie sich dort kennengelernt haben. Alte Schulkameraden feiern einmal im Jahr unter Palmen ihr Wiedersehen. Trotz solcher Emotionen von gestern bleibt der Garten mit seinen Überraschungen ewig jung.

Die Siesmayerstraße führt unmittelbar in den Grüneburgpark. Seine imponierende Weite erkennt man jetzt erst richtig, nachdem seine Bäume kahl geworden sind. Auch der Schnee auf den entfärbten Wiesen stört treue Parkbesucher nicht. Weder der alte Herr noch der Hund, den er führt, kann sich einen anderen Spaziergang als hier vorstellen. Ein junges Mädchen schwebt dahin, als gehe es Parkerinnerungen vom vergangenen Sommer nach. Neugierige standen noch vor kurzem um die beiden Schachbretter im Freien herum. Einer der Spieler hatte den Hut fest über die Ohren gezogen und den Mantelkragen hochgestellt. Offenbar machte es ihm auch Spaß, den Gegner mit vor Kälte zitternden Fingern mattzusetzen.

Im Gutshof »zur Grünen Burg« etablierte sich auch ein literarischer Zirkel. Dramen wurden mit verteilten Rollen gesprochen. Die Anwesenden waren geradezu ergriffen, wenn Frau von Holzhausen ihren Part in seelenvoller Weise deklamierte. Im übrigen schienen Romanzen in der Luft zu liegen. Bettina von Brentano entdeckte ihre Zuneigung für Achim von Arnim, was bei dessen eindrucksvoller Junkergestalt durchaus zu verstehen war. Das Anwesen ging später an die Rothschilds. Sie bauten das neue Palais, an dessen zerstörte Eleganz man sich nur mit Bedauern erinnern kann. Als Ersatz stellte man das hübsche klassizistische Gartenhäuschen von Salins de Montfort im Park auf. Es fällt schwer, sich an einem häßlichen Wintertag vorzustellen, welche kapriziösen Szenen sich in dem niedlichen Häuschen abgespielt haben mögen. Es hatte vorher am Schönhof gestanden.

Grüneburgpark und Botanischer Garten bilden eine geruhsame Landschaft. Fern von lärmenden Massentourismuszentren mögen dort manche Frankfurter ihren Sommerurlaub verbringen. Zum Botanischen Garten zieht es an schönen Tagen Leute, die alle Naturwunder gesammelt genießen möchten, von der Alpenlandschaft über das Sumpfgebiet bis zur Heide.

Am Grüneburgweg

Hier wohnten einst Engelbert Humperdinck und Heinrich Hoffmann

Als es vor der Jahrhundertwende gebaut wurde, mag es ein wenig Aufsehen erregt haben. Es war nach damaligen Begriffen ein recht stattliches Haus, das heute noch Ecke Grüneburgweg und Liebigstraße steht. Die meisten Leute, die daran vorbeigehen, schenken ihm wohl keine Beachtung. Auf der Tafel an der Hauswand ist zu lesen, daß der Geheime Sanitätsrat Dr. Heinrich Hoffmann von 1890 bis 1894 hier gewohnt hat und der Komponist Engelbert Humperdinck von 1894 bis 1897 hier lebte. Humperdinck komponierte »Hänsel und Gretel« sowie die »Königskinder«, Heinrich Hoffmann schrieb den »Struwwelpeter«; auch das steht auf der Tafel.

Grüneburgweg/Ecke Liebigstraße

68

Im alten Frankfurt hieß es oft: »Du kommst noch auf den Affenstein.« Der Affenstein, der für manchen Scherz herhalten mußte, war die Irrenanstalt. Heinrich Hoffmann war dort Arzt. Neben seinem Beruf, dem er sich mit Aufopferung widmete, hatte er noch andere Interessen. Er schrieb launige Gedichte und Geschichten und hatte Freude am Zeichnen und Malen. Hoffmann brachte also alles mit, um das Buch zu schreiben, das ihn berühmt gemacht hat, den »Struwwelpeter«.

Es ist eine Geschichte für sich, wie der »Struwwelpeter« zustande kam. Eines Tags wollte Hoffmann seinem Sohn Carl zu Weihnachten ein Bilderbuch kaufen. Er suchte in allen Läden herum, aber er fand nichts, was ihm gefiel. Da kaufte er kurzerhand ein leeres Schreibheft. Seine Frau war sehr erstaunt, als er damit nach Hause kam und erklärte, es sei das Weihnachtsgeschenk für Carl. Sie ahnte nicht, daß ihrem Mann eine ebenso einfache wie geniale Idee gekommen war. Er wollte den Kindern die Kinder zeigen, wie sie sind, nämlich ihre Unarten, wie sie an den Nägeln kauen und sich die Haare nicht schneiden lassen wollen.

Das Heftchen sollte nur für den Hausgebrauch sein. Aber der Zufall wollte es anders. Der Buchhändler Dr. Löning sah nämlich das kleine Buch mit den originellen Bildern und wollte es gleich haben. Viel versprach sich Heinrich Hoffmann allerdings nicht davon. Zum Scherz meinte er, Dr. Löning sollte ihm 80 Gulden dafür geben. Die war er Löning aus einem früheren Verlagsgeschäft schuldig. Der »Struwwelpeter« hat hinterher Riesensummen in allen Währungen der Welt gebracht.

Das Kinderbuch verschaffte Heinrich Hoffmann viele Anerkennungen, auch eine durch Kaiser Wilhelm, den Ersten. Der Monarch hatte bei einem Besuch in Frankfurt die Honoratioren der Stadt zu einem Diner eingeladen. Auch Hoffmann wurde zu dem Festessen gebeten. Das brachte ihn in große Verlegenheit. Sein Frack war nämlich über 20 Jahre alt, und die Schuhe mit den doppelten Sohlen schienen auch nicht gerade hoffähig zu sein. Aber einen so humorvollen Menschen wie Hoffmann genierte das wenig. Es regte ihn auch nicht weiter auf, als ihm mitgeteilt wurde, der Kaiser wünsche ihn zu sprechen. Wilhelm erklärte dem Frankfurter Arzt, er hätte über den »Struwwelpeter« sehr gelacht. Hoffmann meinte dazu, das Buch sei doch eigentlich für die Kleinen geschrieben. Es war ein unfreiwilliger Witz, denn er stand ja vor einem der »Großen dieser Erde«.

In Bockenheim war man freier

Aus der Geschichte des »kurhessischen Dörfchens« / Wie auf einer Insel

Gleich hinter der Warte fängt Bockenheim an, so sagt man in Frankfurt. Doch das war nicht immer so. Hinter dem Wachtturm zog sich einmal der Grenzgraben hin. Ungefähr in der Richtung wie die Königstraße. Rundum war freies Feld. Bockenheim selbst war ein kurhessisches Dörfchen, von dem die Frankfurter nicht viel Notiz nahmen. Höchstens fuhren sie mit ihren Landauern einmal durch die Dorfstraßen, wenn sie eine Landpartie in den Taunus machten. Ein weltvergessenes Dörfchen sollte Bockenheim indessen nicht bleiben.

Kurfürst Wilhelm setzte sich in den Kopf, aus Bockenheim eine Stadt zu machen. Nicht, weil er den Leuten dort besonders zugetan war. Er hatte mit Bockenheim vielmehr ehrgeizige Pläne. Außer-

Die Bockenheimer Warte

70

dem wollte er den Frankfurtern, die so sehr auf ihren Reichtum pochten, ein Schnippchen schlagen. In Frankfurt führten nämlich die Zünfte ein strenges Regiment. Das sollte in Bockenheim anders werden. Es mutet wie ein Scherz an, aber tatsächlich waren dort fortan Handwerker und Gewerbetreibende freier als in der Freien Stadt Frankfurt.

Die Bockenheimer waren indessen damals nicht ganz mit ihrem Los zufrieden. Sie lebten ja wie auf einer Insel. Um sie herum herrschte ein wahres Durcheinander von Staaten. Ganz in ihrer Nähe lag das Herzogtum Nassau. Hessen-Kassel war auch nicht weit. Wenn die Bockenheimer nach Westen wanderten, befanden sie sich plötzlich im Großherzogtum Hessen. Die Freie Reichsstadt Frankfurt war ihr ständiger Nachbar. Dazu kam, daß alle diese Staaten eifersüchtig auf ihre Rechte pochten, je kleiner sie waren, um so mehr.

Um die Mitte des neunzehnten Jahrhunderts gab es schon 5000 Bockenheimer. Es regte sich überall in der Stadt, und man ging auch mit der Zeit. In mancher Beziehung herrschte allerdings weniger Fortschritt. So bei der Post. Was da vor sich ging, könnte in der Absicht erfunden sein, sich über die »gute alte Zeit« lustig zu machen. Bis vier Uhr nachmittags war es noch erträglich. Ein Briefträger beförderte die Post in Säcken nach Frankfurt. Nach vier wurde es allerdings prekär. Da mußten Briefe und Karten in die Main-Weser-Bahn geladen werden. Man sollte annehmen, daß sie nun direkt nach Frankfurt rollten. Dem war aber nicht so. Sie wurden erst nach Friedberg geschafft, der nächsten Haltestelle der Main-Weser-Bahn. Dort wurde die Post umgeladen und fand nun endlich den Weg nach Frankfurt.

Der Gewerbefleiß der Bockenheimer ist schon erwähnt worden. Sie waren aber auch recht sparsam. Das zeigte sich, als bei ihnen eine Sparkasse die Türen öffnete, am 11. Januar 1860. 29 Bürger fanden gleich den Weg dorthin. 378 Gulden brachten sie mit. Das waren, nach heutigem Geld, immerhin 648 Mark. Es wird sogar behauptet, die Frankfurter hätten sich ein Beispiel daran genommen . . .

Die langsamen Uhren von Bockenheim

Ein Spaziergang durch die Schloßstraße

Sie war einmal die schönste Straße von Bockenheim. Jeder, der dorthin zog, mußte einen Nußbaum pflanzen, später sogar zwei. Damals hieß sie noch nicht Schloßstraße, seit 1822 trägt sie diesen Namen. Vielleicht war es ihr Schicksal als Straße, daß sie schnurgerade aus der Stadt hinausführte. In einem solchen Ausfallweg war für Bäume später kein Platz mehr. Selbst die Vorgärten störten. Sosehr sich die Leute in der Schloßstraße auch wehrten, sie mußten von dem Grün vor ihren Häusern Abschied nehmen. Zu einer Rennstrecke passen auch die nüchternen Häuserblocks auf beiden Straßenseiten. An einer Ecke leuchtet ein zitronengelbes Haus auf. Weithin sichtbar, betont es noch die Eintönigkeit der Häuserreihe. Moderne Autogeschäfte, Verkaufsstellen für Gebrauchtwagen und Autovermietungen scheinen durchaus in eine Gegend zu gehören, die derart auf ungehinderten Verkehr eingestellt ist. Dagegen sind ein paar Wirtschaften wohltuend in der Zeit zurück. Da geht es unter den Gästen noch wie in einer Kleinstadt zu. Sie kennen sich untereinander und schwätzen im Stehen behaglich von Dingen, über die andere in der Hast des Tages kaum ein Wort verlieren.

Es gibt an der Schloßstraße auch sonst noch Orte, an denen die Uhren langsamer gehen. Zu ihnen gehört der Kurfürstenplatz. Mit seinen Blumen und den eindrucksvollen hohen Bäumen läßt er vergessen, daß er ein langweiliges Rechteck bildet. Das Leben auf dieser gleichsam vergessenen Oase lernt man schon in den Vormittagsstunden gut kennen. Da hält eine ältere Frau besorgt nach einer Bank Ausschau, auf der sie gewöhnlich sitzt. In den sonnigen Spätsommertagen möchte sie auf ihren Stammplatz nicht verzichten. Ob die zwei sich nicht verlaufen haben? Greenwich-Village-Gestalten, die sich womöglich in der beruhigenden Umgebung mit sozialpolitischen Fragen herumschlagen? Die beiden denken aber nicht daran. Sie blinzeln in die Sonne, als würde es nirgends auf der Welt für sie Probleme geben.

Vielleicht liegt es auch an dem geruhsamen Platz, daß ein Vater die Zeit findet, seinen Kindern einen Vortrag zu halten. An sich macht er den Eindruck, als würde er die Nerven verlieren, wenn er nicht gleich eine Parklücke findet. Nun erklärt er dem Jungen und dem Mädchen mit sichtlicher Freude, was man von dem Brunnen auf dem Platz wissen muß, von dem Obelisken, der Schale und den Figuren. Eine Gruppe mit Widdern stellt die Landwirtschaft vor. Schließlich liegen ja am Stadtrand noch ein paar Felder, und die Kleinen haben da im Herbst womöglich schon Drachen steigen lassen. Ein Zentaur, auf dem ein Schmied reitet, verkörpert die Bockenheimer Industrie.

Auf einer Bank sitzt ein altes Paar. Sollte er schon auf die neunzig zugehen, kann er den Tag erlebt haben, an dem ganz Bockenheim »aus dem Häuschen« geriet. Das war am 25. Juni 1892. Womöglich stand er mit anderen Kindern auf der Schloßstraße und schrie hurra und hoch. Vielleicht ist den beiden auf der Bank aber auch von ihren Eltern vom Bockenheimer Ehrentag erzählt worden.

Den Anlaß zu der freudigen Aufregung lieferte ausgerechnet ein fremder Monarch, König Humbert von Italien. Er war Chef der 13er Husaren, die in Bockenheim lagen. Die wollte er besuchen.

Am Kurfürstenplatz

Fahnen und Triumphbogen erwarteten den König, der ganze Stadtteil war auf den Beinen. Er selbst ritt an der Spitze seines Leibregiments, das Paradeuniform trug, auch durch die Schloßstraße. Man mußte den schnauzbärtigen König bewundern, bei aller Körperfülle hielt er sich kerzengerade auf dem Pferd.

Die Bockenheimer Husaren wurden später an die französische Grenze versetzt. Man munkelte in der Stadt, das Frankfurter Nachtleben sei ihnen schlecht bekommen. Das konnte allerdings auch eine böswillige Erfindung von solchen sein, denen die schmucken Husarenoffiziere mit ihren galanten Attacken in den Salons oder auf dem Tanzparkett in die Quere gekommen waren.

Die Straße hat ihren Namen vom Bockenheimer Schloß. Das ließ Prinzessin Henriette Amalia von Anhalt-Dessau im Jahr 1771 bauen. Wie kam ein Fürstenkind von einem norddeutschen Duodez-staat ausgerechnet nach Bockenheim? Sie war die jüngste Tochter vom Alten Dessauer. Leopold verstand in Familienangelegenheiten offenbar ebensowenig Spaß wie auf den Schlachtfeldern. Seine Tochter hatte eine Romanze mit einem Hofjäger, die nicht ohne Folgen blieb. Das Malheur hätte der Hof womöglich noch hingenommen, doch zu allem Unglück war der Vater auch noch ein Bürgerlicher. Die Prinzessin wurde ins Asyl geschickt, wo sie mit dem Mann ihrer Wahl glückliche Tage verbrachte. Die liberalen Bockenheimer scherten sich nicht um verstaubte höfische Moralbegriffe, sie zeigten viel Sympathie für die schöne Verbannte. Henriette Amalia sammelte wertvolle Kunstschätze in ihrem barocken Lustschlößchen. Sie tat auch viel für die Armen.

Das Schloß ging später in den Besitz der reichen Kaufmannsfamilie von Bernus über, 1952 kam es an die Stadt Frankfurt. Allerdings hatten die Bomben nur den Park übriggelassen. Wer dort in Gedanken auf den Spuren der lebenslustigen Prinzessin wandeln möchte, wird eine herbe Enttäuschung erleben. Wohl begegnet er Frauen mit Kinderwagen, die vor der lauten Straße Ruhe suchen, oder einem verträumten Spaziergänger, der leise Gedichte zu deklamieren scheint. Doch was er von einer Steinbrücke aus zu sehen bekommt, kann er kaum als einen Teich bezeichnen. Statt auf Wasser blickt der Besucher auf Bretter oder sonstige Holzabfälle. Fässer und anderes Gerümpel komplettieren das häßliche Durcheinander. Ein rotes Autowrack, das mit den Rädern nach oben aus dem Tümpel ragt, nimmt sich abenteuerlich aus. Auch im hinteren Teil des Parks scheint ein Autofriedhof im Werden zu sein, und das unweit von einem Kinderspielplatz mit Schaukel und Rutschbahn.

Auf dem Gelände zur Straße hin befindet sich das Lokal »Zum Bockenheimer Schlößchen«. Es bemüht sich, der besseren Tage des Parks gerecht zu werden, wozu auch antike Möbel beitragen. Neben dem Park steht ein frühes Wohnhochhaus. Im obersten Stock war der Bildhauer Schorsch Mahr zu finden. Er kannte so schöne Geschichten von seiner Vaterstadt, daß es eine Sünde gewesen wäre, hätte er sie nicht mit einem leichten Beigeschmack von Spott erzählt. Mit ihm ist recht viel verschwunden.

Dem Gebäude, das an der großen Überführung zwischen Bäumen herausschaut, sieht man nicht an, was es mit ihm auf sich hat, zumal im Hintergrund ein wüstes Terrain ist, auf dem Bauarbeiten im Gang sind. Außerdem gehörte es nur zu einem Gutshof, doch sein nobles Barock läßt aufschauen. Zu dem Gebäude gehörte einmal ein Park, in dem ein Tempelchen stand. Salins de Montfort hatte es mit so viel Geschmack gebaut, als hätte er dabei an alle gedacht, auf die da galante Erlebnisse warteten. Das Gartentempelchen wurde 1945 in den Günthersburgpark verpflanzt. Ein Gut mit einem Liebhabertheater, eine größere Überraschung kann es wohl nicht geben. Sein Besitzer, Freiherr von Barckhausen, leistete sich das Bühnchen. Es besaß hübsche Malereien. Man sah Flügelrosse vor einem römischen Wagen herjagen. Auf der Liebhaberbühne, aus der später ein Billardsaal wurde, führte man Jugendstücke von Goethe auf.

An all diesen fast vergessenen Zeugen Frankfurter Vergangenheit fahren Wagen und Straßenbahnen begreiflicherweise achtlos vorüber. Fast den gleichen Weg nahm einmal der Nachwuchs der Frankfurter Lebewelt. Die jungen Leute zog es nach dem Parkhotel in Rödelheim, wo damals der »Schieber« das Parkett beherrschte. Bei dieser unter den Tanten verpönten Tanzdemonstration bildeten er und sie eine »absolute Einheit«. Heute fahren Frankfurter mitunter zu einem Vergnügen vorbei, was zum mindesten nicht den Beifall ihres Hausarztes findet. Sie eilen zu den gemütlichen Lokalen im Vortaunus, wo es sagenhaft stattliche Portionen geben soll.

Im Palmengarten

Ein Gartenhaus wie das Schloß eines Fürsten

Wohl kein Klubhaus dürfte eine so interessante und glanzvolle Vergangenheit haben wie das des Frankfurter Tennisclubs von 1914 im Palmengarten. Die Geschichte dieses Hauses mutet etwas abenteuerlich an. Sie geht auf das Jahr 1806 zurück. Damals ließ sich die Familie Leonardi an der Bockenheimer Anlage ein Gartenhaus bauen. Gartenhaus klingt in diesem Zusammenhang recht bescheiden.

Nun waren aber die Leonardis neben den Bethmanns und den Bolongaros (die allerdings in Höchst wohnten) die ersten Guldenmillionäre in der Stadt. Außerdem hatte sie der Kaiser zu Reichsfreiherren gemacht. Die reichen Frankfurter zeigten aber gern, wer sie waren, auch wenn es sich nur um Gartenhäuser drehte. Die mußten ein wenig luxuriös sein und manchen Zierat wie verspielte Aussichtstürm-

Das Alte Gartenhaus im Palmengarten

chen besitzen. Daher nahm sich Johann Peter von Leonardi den besten Baumeister, den er haben konnte.

Es war Nicolas Alexandre Salins de Montfort. Er wurde 1753 in Versailles geboren und war als Aristokrat vor den Revolutionstribunalen seiner Heimat geflohen. Bis dahin hatte er in Frankreich aber schon als Architekt von sich reden gemacht. So stellte er dem Kardinal Rohan, der durch die berüchtigte Halsbandaffäre mit der Königin Marie Antoinette in die Skandalgeschichte eingegangen ist, in Zabern ein prächtiges Palais hin. In Frankfurt schuf er Gasthöfe, Landhäuser, Gartenpavillons und Bankpaläste. Er verstand es, den feudalen französischen Baustil den bescheideneren Wünschen seiner deutschen Auftraggeber anzupassen. Bei seiner Beliebtheit als Baumeister konnte es nicht ausbleiben, daß er von den eingesessenen Architekten angefeindet wurde. Das kümmerte die selbstherrlichen Leonardis wenig. Sie ließen Montfort an der Zeil ein schönes Haus bauen, noch bevor er Pläne für die Bockenheimer Anlage entwarf. Als die Bomben es zerstörten, wurde Frankfurt um eine Kostbarkeit ärmer.

Das Gartenhaus an der Bockenheimer Anlage hätte einem galanten Duodezfürsten als Luxusschlößchen dienen können. Sein Portikus wurde von ionischen Säulen getragen. Seine noblen Türen mit runden Bogen und zwei Pavillons an der Seite verrieten den feinen Geschmack seines Baumeisters. Trotzdem wurde es 1825 abgerissen. Offenbar tat es den hierfür Verantwortlichen aber leid, es ganz verschwinden zu lassen. Daher wurde sein wertvoller Portikus im Palmengarten wieder aufgestellt, wo nun der Tennisclub 1914 in modernen Räumen zwischen alten Mauern untergebracht ist.

Das alte Gartenhaus paßt in seine neue Umgebung. Schon immer blieb im Palmengarten ein wenig vom früheren Leben der Stadt übrig, von ihrer Gefühlsseligkeit. So schrieb der seinerzeit so populäre Frankfurter Dichter Rudolf Presber von romantischen Kahnfahrten auf dem Teich und ersten flüchtigen Küssen in den Grotten. Warum sollte heute ein Spaziergang um das alte Gartenhaus nicht ähnlich anregend wirken wie jene verschwiegenen Ecken?

Im Grüngürtel ist es wie auf einer Siegesallee

Ein Spaziergang durch den Anlagenring / Denkmäler und Pavillons

Sie ist eine grüne Straße. Anglisierer haben sie Cityring getauft. Für den Rentner, zu dessen Leben sie gehören, sind sie die guten alten Anlagen. Den Frankfurtern wurde es bereits wohler, als ihre Festungswälle von der Stadt abrückten. Zu Beginn des neunzehnten Jahrhunderts wurden die Fortifikationen völlig abgetragen, demoliert, so sagte und schrieb man, was vermuten läßt, wie gern die Frankfurter den Steingurt los wurden. In Gedanken daran stößt man auf den Namen Karl von Dalberg, peinlicherweise muß dazu gesagt werden. Er war, so spaßig das klingt, einmal Großherzog von Frankfurt. Als solcher tat er manches höchst Vernünftige, was sich nun einmal aus der Geschichte der Musterdemokratie nicht wegwischen läßt.

Als die Stadt ihre Festungsmauern los war, setzte ein wahrer Taumel ein, ein epidemisches Verlangen nach Licht und Sonne. Die reichen Leute legten sich sogenannte Lustgärten an, stellten weiträumige Gartenhäuser hinein, putzige Tempelchen, in denen sie sich wie neugeboren vorkamen. Der Großherzog beauftragte Maire Guiollett, den Frankfurtern mit dem freigewordenen Terrain möglichst viel Freude zu machen. Der hatte eine glückliche Hand, als er sich mit diesem Anliegen an den Stadtgärtner Sebastian Rinz wandte. Was dabei herauskam, nannten die Zeitgenossen »süß und lieblich«. Von Schweden kamen sogar Neugierige, um das Frankfurter Wunder zu bestaunen.

Rinz dachte fortschrittlich. Er vermied alles Romantische, wofür damals nicht nur Großmütter schwärmten. Außerdem erwies er sich nach echt Frankfurter Manier als guter Kaufmann. Er holte aus dem Stadtwald Nadelhölzer und Birken, aus der Kronberger Gemarkung Ziersträucher, bei entsprechenden Verhandlungen in Aschaffenburg und im Kloster Seligenstadt soll es wie bei einem Pferdekauf zugegangen sein. Von seinem Denkmal in der Friedberger Anlage schaut der Gartenkünstler mit sanftverklärtem Blick auf sein Werk.

Es gab später ein Kuriosum erster Klasse. Die Ostanlagenbewohner gerieten mit denen vom Westabschnitt aneinander. Für die von der Taunusanlage, so klagten sie, würde mehr getan als für sie. Denen würden immer wieder öffentliche musikalische Veranstaltungen zugeschanzt. Die Katzbalgerei nahm ernste Formen an, man fürchtete für den Frieden in der Stadt.

Es gab immer wieder Anlaß zum Stolz über den Grüngürtel. Als 1895 der Durchbruch von der Hochstraße zum Trutz erfolgte, gerieten die Frankfurter aus dem Häuschen. Nun konnte man über Blätter und Blüten zum Opernhaus hinüberschauen. Das gemahnte nach Ansicht der Lokalpatrioten an klassische und der ganzen gebildeten Menschheit vertraute Stadtansichten.

In der Nähe des Durchgangs steht als letzter Zeuge der früheren Gartenherrlichkeit das Nebbiensche Gartenhaus. Salins de Monfort, der Frankfurt mit mancherlei Kostbarkeiten versorgt hat, baute es für den Drucker und Verleger Nebbien. Die Sonne über dem Eingang deutet darauf hin, daß man es sich da gutgehen ließ. Die Maler, die heute dort ausstellen, haben es nicht so leicht. Dodo van Doeren betreut sie. Sie stand einmal als Vortragskünstlerin auf den Kabarettprogrammen, und das kam ihr auch zu. Spaziergänger, die sich auf den Bänken des Gartenhauses ausruhen, sind einem beachtenswerten Kunstwerk nahe, einem Renaissancebrunnen aus Florentiner Marmor. Er gehörte einmal den Weinbergs. Jenseits der Straße bekam Mozart nach einer mutigen Idee von K. Krüger sein Denkmal. Das frühere Monument hätte in Nippesformat auf jede Kommode gepaßt. Immerhin verlieh es dem niedlichen Plätzchen eine seltsame Entrücktheit aus dem Alltag.

Der letzte Zeuge

Bei einem Anlagenrundgang kann man feststellen, daß am Anfang des Rings ein Stück fehlt. Zwischen Main und Schauspielhaus existieren nur ein paar grüne Rasenflecken. Dann markieren mächtige Kastanienbäume den weiteren Weg. Im Vergleich mit den dahinter aufragenden Kränen nehmen sie sich reichlich zwerghaft aus. An der Kaiserstraße breitet sich ja nach wie vor eine verwirrende Baulandschaft aus. In der Taunusanlage wird es wohltuend beschaulich. Zunächst steht Schiller in einer so anspruchslosen Haltung auf seinem Denkmalsockel, als würde ihm das in der Goethestadt nicht anders zukommen. Die Farben der Blumenbeete muß ein koloristisch begabter Gartenmann zusammengestellt haben. Ein nahöstlicher Gastarbeiter wässert Bäume, wie er sie wohl in seinem bisherigen Leben nie gesehen hat. Auf einer Kinderrutschbahn macht ein kleiner Junge vor der Talfahrt ein Gesicht, als solle er ins Wasser gestoßen werden. Ausgerechnet vor einem zartblühenden Magnolienbaum sollte man sich nicht ausmalen, was sich in der Nacht vorher an der Stelle abgespielt haben könnte. Der Pechvogel, der unvermutet um Feuer angegangen wurde, hatte noch Glück, daß ihm dabei nur die Brieftasche abhanden kam. Frankfurt, das so gern auf USA macht, hat eben auch seine nächtliche Central-Park-Atmosphäre. Das Opferdenkmal von Benno Elkan ist geschmackvoll plaziert. An Kolbes Gedenkstätte für Heinrich Heine läuft man hingegen normalerweise vorüber, so kaschiert ist sie. Das scheint im übrigen im Geburtsland des Loreleydichters leider durchaus an der Ordnung zu sein. Es ist wie in einer Siegesallee. Bald taucht ein Heros der Tonkunst auf. Auf einem Hügel steht Beethoven mit der eigenwilligen Geste eines Titans. Die zwei Genien hinter ihm halten gebührend Abstand. Dort stand einmal das gemütliche Schweizerhäuschen. Inzwischen beherrschen Baubuden bis zum Opernplatz die Szene, ein Alptraum für Frankfurter, die gern jeden Stein auf dem anderen lassen möchten. Fußgänger müssen in der Gegend auf handtuchbreiten Gehstreifen herumbalancieren. Dabei hieß es früher, in den Frankfurter Anlagen könne man sich gesundpromenieren. Der Lachhannes ist nicht mehr da. Was hätte der lebensfrohe Bursche auch in dem unschönen Durcheinander zu suchen? Verschwunden ist auch der Marshallbrunnen. Es gab Leute, die schäumendes Waschpulver in das Becken warfen. Das richtete sich nicht so sehr gegen den humanen Planer Marshall. Die Brunnenbeschmutzer wollten zum Ausdruck bringen, daß sie über anatomische Belange andere Vorstellungen haben als der Schöpfer des Brunnens. Nach ihren Erfahrungen in den Frankfurter Strandbädern konnten sie sich nicht mit den formlosen Beautys, die im Marshallbrunnen plätscherten, anfreunden.

Der Opernplatz unterbricht die Kontinuität des Anlagengürtels. In der Bockenheimer Anlage wird es wieder abwechslungsreich grün. Da haben wir die stadtbekannte Haschwiese, Lagerplatz und Einkaufszentrum für Gutorientierte. Dem verstreuten Papier nach zu urteilen müssen da ganze Kompanien biwa-

Am Nebbienschen Gartenhaus

kieren. Um den benachbarten Teich herum ist immer etwas los. Ein Herumtreiber schläft fest auf einer Bank. Die Schuhe hat er ausgezogen und neben ein paar leere Bierflaschen gestellt. Auf einer anderen Bank macht gerade ein Tramp Toilette. Er kämmt die wirren Haarsträhnen so sorgsam, als wolle er zu einer Prämierung für die flotteste Frisur. Regelmäßig trifft man an dem Teich auch eine ältere Frau, die Vögel füttert. Sie spricht auch angeregt mit ihnen. Ein junges Paar auf einer Bank möchte offenbar jedem zweiten in Frankfurt zeigen, wie zärtlich es sein kann.

Der schöne Heimweg

In der Eschenheimer Anlage ist das Monument von Philipp Reis. Er hat das Instrument erfunden, vor dem sich mancher aus dem Büro in die Anlagen rettet, das Telefon. Auf den Kinderspielplätzen haben sich mit der Zeit Anlagenvereine gebildet. Die Frauen kennen sich untereinander, eine weiß über die Familienverhältnisse der anderen Bescheid. Das führt hin und wieder zu einem Getuschel »ganz im Vertrauen«. Im übrigen schimpfen die Mamas über die horrenden Preise für Frischgemüse und Filets, während ihre Kleinen in den Sandkästen herumwühlen.

Ein Tanzpavillon im Grünen hat besondere Anziehungskraft. Großmütter, Mütter und Töchter schwebten über das Parkett des Odeons. Das Schönste war der Heimweg. Es soll sogar vorgekommen sein, daß die Bänke rundum in den Akten von Alimentenprozessen eine Rolle spielten. Der nahe Teich könnte einem Badeort als Attraktion dienen. Bretterzäune, immer wieder Bretterzäune. Sie lassen um die Unversehrtheit der Anlagen fürchten. In der Friedberger Anlage stößt man dann auf Schienen. Elegische Spaziergänger, soweit es sie noch gibt, werden zusammenschrecken, wenn später eine U-Bahn vorüberrattert. Eine Gedenkplatte von Schorsch Mahr erinnert daran, daß sich ein Frankfurter namens Fellner im Jahre 1866 wegen der seiner Stadt zugefügten Schmach das Leben nahm. Fast möchte man es grotesk nennen, daß Fellner Bürgermeister des als unheroisch geschmähten Frankfurts war.

Von der Zeil an wird alles ein bißchen urwüchsiger. Die Baumgruppen stehen nicht wie Soldaten da. In der Obermainanlage fühlt man sich in dem echtesten und unberührtesten Teil des grünen Gürtels. Dafür sorgt auch der Rechneigrabenweiher, der von einer ländlichen Schönheit ist. Auf dem Weg dahin entdeckt man noch manches Sehenswerte. Lessings Büste erinnert daran, daß man früher in den letzten Schuljahren um seine »Minna von Barnhelm« nicht herumkam. Der Nichtfrankfurter Schopenhauer schaut nicht gerade freundlich von seinem Denkmalpodest herunter. Hätte er ahnen können, daß er hier zur Ehre öffentlicher Schaustellung kommen würde, hätte er sich womöglich gewundert. Am Portikus der zerstörten Stadtbibliothek endet die Wanderung.

Wenn am Opernplatz die Laternen brennen

Die »neumodische Illumination«

In den Wochen um Weihnachten bot sich in vergangenen Jahrzehnten vor dem Opernhaus oft ein interessantes Bild. Im Schein der Kandelaber fuhren die Besucher in ihren Equipagen vor. Am Eingang fanden sich immer Neugierige, die sich diese eindrucksvolle Anfahrt betrachten wollten. Sie durften dann raten, welcher Bankier oder Großkaufmann nebst Gemahlin aus dem noblen Zweispänner herauskletterte. So ging es bei einem Theaterbesuch allerdings nicht zu, als die Straßen in Frankfurt noch nicht beleuchtet waren. Da saß ein Diener mit einer Fackel neben dem Kutscher. Es war ihm streng verboten, die Fackel hin und her zu schwenken, was oft aus Übermut geschah. Vor nichts hatte man ja mehr Angst als vor einem Brand.

Frankfurt sorgte frühzeitig für Licht auf seinen Straßen. Wie so manchmal im alten Frankfurt ging das von den Bürgern selbst aus. Im Jahr 1707 stellten sie fünf Laternen auf dem Römerberg auf. Aber die Leute konnten sich zunächst mit der »neumodischen« Illumination nicht anfreunden. Immerhin waren die Stadtväter aus ihrem Schlaf erwacht und sahen ein, daß etwas gegen die Finsternis der Stadt getan werden müsse. Sie ließen drei Leuchter vor dem Eingang des Römers postieren und zwei vor jeder Wachstube. Das ließ wiederum die fortschrittlichen Bürger nicht ruhen. Sie sorgten gleich für 14 Laternen auf dem Römerberg. Offenbar gab es aber schon damals Leute, die sich nichts Schöneres denken konnten als eine Laterne einzuwerfen, wenn sie angeheitert aus der Kneipe kamen. Denen wurde die Freude daran mit strengen Strafen verdorben.

In der Not ein Ausweg

Wie gern würde man alle Straßen beleuchtet haben! Da hätte die Stadt aber tief in die Tasche greifen müssen. In ihrer Not fand sie einen Ausweg, der den Hütern des Stadtsäckels offenbar von jeher sehr gelegen kam. Die erheblichen Kosten der Beleuchtung wurden auf die Hausbesitzer umgelegt. Im Jahr 1762 mußten in Frankfurt immerhin 22 Mann bezahlt werden, von denen jeder 66 Lampen zu betreuen hatte. In Sachsenhausen waren es zwei. Jeder von ihnen hatte 76 Lampen mit Öl zu füllen, anzuzünden und reinzuhalten. Die Laternenmänner bekamen neben ihrem Lohn zu Neujahr auch noch 24 Kittel. Dazu kam, daß jede Laterne ein Maß Öl in der Stunde verbrauchte.

Die Leute in der Töngesgasse wollten etwas Besonderes sein. Sie hängten im Jahr 1791 größere Laternen auf als die gewöhnlichen. Die hatten, damals ein Wunder der Technik, sogar Spiegel. Nun mochten aber die Ziegelgässer den Töngesgässern nicht nachstehen. Die Großlaternen, die sie auf eigene Rechnung anbrachten, hingen in der Mitte der Straße an Seilen herunter. Das war neu, aber noch mehr bestaunt wurden dann die Laternen auf der Zeil und auf dem Roßmarkt. Sie ruhten auf zierlichen Blöcken und waren mit Schwanenhälsen verziert.

81

Die Kandelaber vor der Alten Oper

Eines Tages machten die Frankfurter wieder große Augen. Die Gasbeleuchtung war da. Als vierte deutsche Stadt hatte sie Frankfurt eingeführt. Die Ölgasgesellschaft, die 1828 ihren Betrieb aufnahm, war wiederum aus Privatmitteln gegründet worden. Ihre Gasfabrik befand sich in der Mainzer Landstraße. Sie hatte allerdings eine rührige Konkurrenz. An der Obermainbrücke und in Bockenheim hatte sich eine englische Gesellschaft etabliert. Der dadurch bedingte Wettlauf brachte es mit sich, daß im Oktober 1845 in Frankfurt bereits 870 Laternen leuchteten, im Jahr 1864 waren es schon 4012. 1672 davon brannten bis Mitternacht, die übrigen 2340 bis Tagesanbruch.

Altes und neues Licht

Das Jahr 1886 brachte den Frankfurtern wieder eine freudige Überraschung, die elektrische Beleuchtung. Alles wetteiferte nun, um im neuen Licht zu erscheinen. Den Rekord schlug mit 170 Glühlampen und zwei Bogenlampen ausgerechnet ein populäres Kaffeehaus, das »Bauer«. Es wurde offenbar schon damals alles für den Gast und Kunden getan wie auch jetzt wieder in den Weihnachtswochen. Für ihn leuchten ja die Frankfurter Geschäftsstraßen in allen Farben.

Im Jahre 1939 war es dann vorbei mit der Lichterherrlichkeit am Opernplatz wie überhaupt auf Frankfurts Straßen und Plätzen. Als sich zu Ende der fünfziger Jahre Frankfurter Bürger darum bemühten, das im großen Krieg ausgebrannte Gebäude der Alten Oper zu retten und wiederaufzubauen, standen die alten Kandelaber noch am Opernplatz. Der Kaufherr Fritz Dietz warb unermüdlich und mit persönlichem Einsatz und unzählbaren Initiativen für den Aufbau des traditionsreichen Opernhauses, einem Denkmal des selbstbewußten Frankfurter Bürgersinns. Es wirkte wie ein belebender Funke für den Gedanken, als schließlich die großen Kandelaber wieder im Juni 1966 ihr Licht spendeten. Über dreißig Frankfurter Firmen hatten sich an der kostenlosen Installation beteiligt. Seither darf man auch hoffen, daß Frankfurt seine Alte Oper wieder einmal haben wird.

Die Lust am Main

Ein Nizza-Spaziergang mit Erinnerungen

Am Untermainkai gab es einmal ein Vergnügungslokal, von dem man nicht nur in Frankfurt schwärmte. Es hieß die Mainlust. Auswärtige Besucher mußten dort auf den Gedanken kommen, die Frankfurter seien ein Völkchen, das eine Lebensfreude nach Art der Südländer besitze. Zur Mainlust führte eine eindrucksvolle Promenade. Dort ließen die Frankfurter Damen ihre neuesten Modellkleider aus Paris bewundern. Im Lokal selbst saßen die Gäste unter hohen Bäumen dicht am Wasser. Eine liebliche Aussicht war zu genießen. Über den Main schaute man auf das noch recht verschlafene, dörfliche Niederrad. Besonders verlockend war der Blick nach dem Sommerhof, wenn da rundum alles blühte.

In der Mainlust fanden regelmäßig Konzerte statt. Im Garten gab es Pavillons, so daß Ort und Publikum nach dezenter Musik verlangten. Die Kapelle der Pommerschen Füsiliere, die bei den Frankfurtern auch Beifall fand, schlug bei ihren Märschen allerdings strammere Töne an. Um 1848 herum hatte es indessen anders über das Wasser geklungen. Da hörte man gegen die Träger von Pickelhauben gerichtete Gesänge. Die Liberalen und Abgeordneten des Frankfurter Parlaments trafen sich nämlich in der Mainlust. Restlos aufrührerischen Sinns dürften sie nicht gewesen sein. Sie tranken meist nur Kaffee wie die Frankfurter Kaffeetanten, die das Lokal ins Herz geschlossen hatten. 1870 ging in der Mainlust noch einmal die herzhafte Frankfurter Fröhlichkeit um. Da hob sich der Vorhang eines Volkstheaters, in dem viel gelacht wurde. Dann ging es abwärts mit dem Frankfurter Vergnügungszentrum.

Nach dem Ersten Weltkrieg gab es auf dem Main schwimmende Vergnügungslokale. Zwei Tanzschiffe hatten an der Kaimauer festgemacht, die »Elsa« und die »Elfriede«. Sie fanden eine gute Konjunktur vor. Es war nämlich das ausgebrochen, was die Zeitgenossen als Tangofieber bezeichneten. Offenbar paßte auch das Plätschern der Wellen an die ausgedienten Raddampfer gut zu dem Dahingleiten im Tangotakt.

Am Untermainkai war eine erste Schwimmanstalt. Sie bestand nur aus ein paar Balken auf dem Wasser. Dann gab es schon mehr Kastenbäder, deren Besucher aber einer Sektierergemeinde glichen, die sich zaghaft an die Öffentlichkeit wagte. Als endlich auch die Damen das öffentliche Wasser aufsuchten, trugen sie Badekostüme in der Art hochgeschlossener Gesellschaftskleider. Später wurden dann auf dem Main besondere Abteilungen für Frauen und Mädchen eingerichtet. Dort waren sie weniger bedeckt. Sonst hätten die Männer von den Brücken aus nicht gern Blicke nach dem Tummelplatz der Badeschönen geworfen. Bei Mosler an der Untermainbrücke ging dann der Traum aller Sonnen- und Wasserfreunde in Erfüllung. Ein Familienbad lockte »tout Francfort«, zum mindesten die unteren Jahrgänge. Bei Grammophonmusik, Kaffee, Eis und Fruchtsaft bekam die Sache einen gesellschaftlichen Anstrich. Heute ist das Mainwasser so trüb wie die Aussicht, je wieder darin baden zu können.

Ursprünglich gab es auf dem Untermainkai nur eine Pumpe. Dann wurde eine Trinkhalle gebaut. Es handelt sich um den Grindbrunnen, der inzwischen verschwunden ist. Beim ersten Schluck von seinem Wasser verzog jeder den Mund und meinte kopfschüttelnd, das Zeug schmecke nach faulen Eiern. Das störte die Leute, die das Quellwasser mitunter in Eimern und Töpfen holten, allerdings wenig. Sie sprachen ihm wegen seines Schwefelgehalts Heilkräfte zu. Vor allem glaubten ältere Damen an eine Wunderwirkung nach Art einer Jungmühle.

Am Grindbrunnen fanden Paraden statt. Der Jahrestag der Schlacht bei Leipzig wurde mit einer glanzvollen militärischen Schau gefeiert, während die Glocken läuteten. Zum turbulentesten Schauspiel kam es indessen am Grindbrunnen, als der Ballonfahrer Blanchard von da einen Aufstieg mit zwei Passagieren riskieren wollte, mit einem französischen Offizier und dem Erbprinzen Ludwig von Hessen. Viele Menschen hatten sich versammelt, um Zeugen dieses Abenteuers zu werden. Blanchard erschien im Stil und mit der Miene eines Toreadors. Er pflegte in einem leuchtend blauen Mantel mit einer weißen Schärpe aufzutreten. Durch seine kühnen Versprechungen hatte er das

Am Untermainkai

85

Publikum in gespannte Erwartung versetzt. Als die Erregung auf dem Höhepunkt war, bekam der Ballon einen Riß, und die Fahrt konnte nicht stattfinden. Die Leute waren erbittert. Es bedurfte der ganzen Autorität des Erbprinzen, damit es Monsieur Blanchard nicht schlecht erging. Sechs Tage später gelang Blanchard von der Bornheimer Heide aus das Wagnis. Auch ein Hund flog mit, der an der Bockenheimer Warte im Fallschirm herunterschwebte.

Man weiß nicht, wie die attraktive Gartenanlage am Untermainkai zu dem Namen Nizza kam. Möglicherweise stammt er von einem Frankfurter, der an die Côte d'Azur dachte, mit deren Schönheiten sich der Ufersaum am Main nach seiner Ansicht durchaus messen konnte. Trotz seiner exotischen Flora ist das Nizza ein echtes Stück Frankfurt. Als es einmal vom Hochwasser verwüstet wurde, erschienen 68 freiwillige Helfer, um Ordnung zu schaffen. Seine besondere Attraktion ist die Äquatorial-Sonnenuhr. 6000 Stunden Handarbeit wurden auf sie verwendet. Sie zeigt die Ortszeit an und auch, wie spät es in anderen Städten ist. Offenbar werden aber nur Astronomen mühelos daraus klug, und auch die nicht, wenn der Himmel über dem Nizza trüb ist.

Rentner verbringen im Nizza Feierstunden. Auch der entnervte Manager, die ihre Küchenarbeit überdrüssige Hausfrau und der Clochard suchen da Zuflucht. Generationen von Frankfurter Liebespaaren sind zwischen Blumenbeeten herumgewandert. Wer sich im Revier der Libanonzedern und der Ginkgobäume aber nur spätabends oder gar nachts ergehen möchte, muß in Karateschlägen versiert sein.

Zu den Besonderheiten des Untermainkais gehört auch die Rollschuhbahn. In den fünfziger Jahren kamen dort mitunter 3000 Zuschauer zu einem Schaulaufen. Stundenlang schauten Neugierige von der Holztribüne dem Training zu. Immerhin sind ja Weltmeister auf der Bahn groß geworden. Unter den Beobachtern waren auch meist die Mütter der zukünftigen Stars. Mit eifersüchtigem Interesse verfolgten sie, welche Fortschritte die Konkurrenten ihrer Zöglinge gemacht hatten. An der Friedensbrücke können sich die Minigolfer der Vorstellung hingeben, daß sie irgendwie auch zu der exklusiven Golfgemeinde gehören.

Der Untermainkai hat eine noble Häuserfront. Unter den Gebäuden gibt es Berühmtheiten, so das ehemalige Wohnhaus der Rothschilds. Es beherbergte eine Kunstsammlung, eine Bibliothek und Teile des Historischen Museums. Die Frankfurter murrten, als gar das Revisionsamt dort untergebracht werden sollte. Das wollten sie den Räumen mit dem vergoldeten Deckenstuck und den feinen Schnitzereien nicht antun.

Am Mainkai

Altfrankfurter Wohnkultur im Hermann-Schlosser-Haus

Dem Hermann-Schlosser-Haus am Mainkai 4–9 sieht man nicht an, welche Kostbarkeiten hinter seiner schlichten Fassade auf seine Besucher warten. Seine Räume sind Zeugen für die Wohnkultur Altfrankfurter Bürgertums. Wie kam es zu einer Sammlung solcher eindrucksvoller Erinnerungen im Herzen der Stadt?

Das Hermann-Schlosser-Haus am Mainkai 4–9

Im Jahr 1823 wurde das Haus von dem Architekten Hess erbaut, von dem auch die Stadtbibliothek am Main stammte. Bauherr war ein Frankfurter Arzt. Nach seinem Tod kam das Haus auch in den Besitz der Familie Mumm. Der Afrikaforscher Leo Frobenius gehörte zu seinen Besitzern. Nach 1933 wurde es Heim der Hitlerjugend, bis es bei Kriegsende völlig verwahrlost dastand.

In diesem trostlosen Zustand übernahm es dann die Degussa. Nun bangten viele um eines ihrer letzten klassizistischen Baudenkmäler. Höchstwahrscheinlich, so hieß es, werde ein nüchterner Zweckbau seinen Platz einnehmen. Doch was die Frankfurter kaum zu hoffen gewagt hatten, trat ein. Generaldirektor Schlosser, dessen Büste heute in der Diele steht, ließ das Gebäude und alle seine Räume restaurieren. Mit seiner liebevoll gesammelten Einrichtung dient das Gebäude auch dem Andenken an die Familie Roessler.

Ernst Roessler war Leiter der Frankfurter Münze und übernahm die Scheideanstalt für Edelmetalle. Er kam aus Darmstadt, doch schon durch seine Heirat mit einer Enkelin von Marianne Willemer überzeugte er die in diesen Dingen höchst eigenen Frankfurter, daß er zu ihnen gehörte. Er hatte sieben Söhne. In den Traditionsräumen des Hauses sehen wir auf Bildern und alten Photos die eindrucksvollen Köpfe dieser Industriellenfamilie. Hinter Glas erinnern auch kapriziöse Gegenstände an sie.

Der rote Empiresalon läßt mit seinen grazilen Möbeln kaum vermuten, daß einst dort stimmungsvolle Festlichkeiten stattfanden. Für das zeitentrückte Milieu sprechen auch die Stiche des Frankfurter Malers Morgenstern im Treppenhaus.

Der Hausherr selbst, die Degussa, stellt sich mit einer Schau in Gold und Silber vor. Sie enthält wertvolle Raritäten. Zu ihnen gehören Prägungen aus Darmstadt, das sogenannte hessische Rheingold, seltene Taler und auch eine Erinnerungsmünze an den Weltflug des Grafen Zeppelin.

Die größte Überraschung aber ist der zu dem Haus gehörende Garten. In seiner Unberührtheit scheint er aus der Biedermeierzeit übriggeblieben zu sein. Meilenweit entfernt von den über die nahe Uferstraße rasenden Autos.

Wo Frankfurt seit langem Weltstadt ist

Der Hauptbahnhof und sein Vorplatz

Der Platz am Bahnhof galt als die Frankfurter Visitenkarte, die sich sehen lassen konnte. Wie oft war zu hören, daß es in ganz Deutschland keinen so spektakulären Empfang für einen Fremden geben würde, der aus einem Bahnhof kommt, wie eben in Frankfurt. Tatsächlich bildete die dortige Häuserfront schon immer ein großartiges Entree. In ihr fielen vor allem die Hotelpaläste wie der Englische Hof, der Russische Hof, das Bristol und das noch heute existierende Carlton auf. Über ihre weichen Teppiche schritt um die Jahrhundertwende manchmal ein so erregendes Leben, wie man das der verschlafenen Plüschzeit gar nicht zutrauen sollte. So spielte auch die Affäre Hau da hinein, ein Sensationsprozeß, der ganz Deutschland erregte. Hau war in einem Bahnhofshotel abgestiegen, was ihm zum Verhängnis werden sollte, zumal er sich in Frankfurt auch noch einen falschen Bart hatte anlegen lassen, und das sicher nicht, um seine männliche Ausstrahlung zu intensivieren. Rechtsanwalt Hau, der sich damals in England aufhielt, hatte einen Trip nach dem Festland unternommen, um in Baden-Baden seine Schwiegermutter zu erschießen, was ihm eine fette Erbschaft einbringen sollte. Den Schuß feuerte er aus dem Hinterhalt in der als mondän gerühmten Lichtentaler Allee ab. Sein Plan ging schief, weil sich Zeugen aus Frankfurt an den Mann mit dem falschen Bart erinnerten.

Neben den noblen Hotels vis-à-vis vom Bahnhofsportal sollen die kleinen Gasthöfe an der Nordseite nicht vergessen werden. Ihre Portiers wären nie auf den Gedanken gekommen, daß die bei ihnen aufkreuzenden Pärchen je ein Standesamt gesehen hatten. Zum mindesten hatten sie es nicht gemeinsam aufgesucht. Die als kleinlich verschriene Polizei des Kaiserreichs war übrigens in diesem Punkt von einer chevaleresken Duldsamkeit.

Der Bahnhofsplatz hat von seiner weltstädtischen Würde Abschied genommen, seitdem er zu einer bizarren Baugrube geworden ist. Dabei war man doch bis zu dieser Deformierung eifrig bemüht, ihm mit grünen Inseln, Springbrunnen und eindrucksvollen Lichtmassen ein hübsches Aussehen zu geben. Immerhin sollte dann ein Tunnel zwischen Bahnhof und Kaiserstraße zur Wohltat für die durch das endlose Bauen geplagten Fußgänger werden. Mit seinen häßlichen Holzstützen und den langweiligen Wellblechwänden hat er jetzt etwas von einem Bergwerksstollen.

Immerhin ist die wie mit dem Zirkel gezogene Häuserfront nach wie vor eindrucksvoll, wenn uns auch die überall in der Stadt entstandenen Stahlmastodone an andere Größenverhältnisse gewöhnt haben. Die aneinandergereihten Geschäftsräume von Flugzeuggesellschaften geben dem Platz eine internationale Note. Grill und shop am Eingang von Lokalen scheinen etwas Ähnliches bezwecken zu wollen. Doch auch Bierlokale guter alter Machart fehlen nicht, und der bekannte Name eines Delikatessengeschäfts steht dafür, daß die Frankfurter nach wie vor für feine Kost zu haben sind. Das Massenangebot von Hotels hat sich an die Südseite verlagert, dort ist auch das Monopol-Metropol zu finden. Das Aircenter paßt gut in die gastronomische Landschaft.

In der Bahnhofplatzfront werden manche Frankfurter noch lange das Schumanntheater vermissen. Mit dem ein wenig unförmigen Bau ist eine schillernde Varietéwelt verschwunden. Große Namen standen auf seinen Programmen. Von seiner Bühne flötete der Schweizer Clown Grock sein unnachahmliches »Nit mööglich« in den mächtigen Kuppelraum. Otto Reutter brillierte dort noch, als er bei seinem Abgehen den Rücken schon sichtbar krümmte. Seine Couplettexte hatten mitunter etwas von einer übermütigen Prophezeiung, wenn er zum Beispiel in der leichtlebigsten aller Zeiten sang: »In fünfzig Jahren ist alles vorbei«. Womöglich setzte es unheilbaren Pessimisten sogar zu, als die weltberühmte Pawlowa ihren »Sterbenden Schwan« tanzte. Dagegen schmetterte die Waldoff ihren »Hermann« mit urgesunder Vitalität heraus. Wenn die Cordonas von Trapez zu Trapez flogen, faßten sich sensible Zuschauer in die Herzgegend, denn dieses artistische Spiel mit dem Leben war damals noch relativ neu. Immer roch es im Schumann nach Zirkusluft, großartige Tiernummern wurden geboten. Vor allem sorgten die Ringkämpfe für größte Aufregung. Wetten, wer an dem betreffenden Abend auf den Schultern liegen würde, schloß man nicht nur zwischen Millionengeschäften an der Börse ab, sie wurden auch lauthals in der Markthalle von Stand zu Stand getätigt. Es fehlte im Schumann auch nicht an mehr oder weniger erheiternden Zwischenfällen. Einmal hätte ein Elefant, der aus Langeweile gern an der Lichtleitung herumspielte, fast einen Großbrand verursacht. Ein anderes Mal gesellte sich ein Seelöwe, der aus seinem Käfig ausgerissen war, zu den verdutzten Gästen der Schumannbar.

Das Bahnhofsgebäude selbst hat schon immer Leben und Stil des Platzes bestimmt. Sein Entstehen könnte man einen Beitrag zur Frankfurter Volkskunde nennen. Wie schnell fand das Wort Zentralbahnhof offene Ohren, das, man wußte nicht wieso, eines Tages in der Luft herumschwirrte. Die Frankfurter gingen, wie das ihre Art war, gleich in Großformat ans Werk. Zwölfhundert Arbeiter waren auch bei Fackelschein tätig. Am 18. August 1888 um 4.57 Uhr nachts fuhr der erste Zug ein. Die Zeugen dieses denkwürdigen Schauspiels waren so ergriffen, daß vielen von ihnen das Hurra im Hals stecken blieb. Am nächsten Tag setzte eine Völkerwanderung ein. Größte Freude erregte der kupferne Atlas über dem Eingang. Er hatte die Weltkugel auf dem Rücken. Was das in Verbindung mit dem neuen Bahnhof bedeuten sollte, schmeichelte den Frankfurtern.

Daß hohe und höchste Herrschaften ihr Weltwunder besichtigten, hielten die Frankfurter für selbstverständlich. Der Prinz von Wales kam von seinem Lieblingskurort Bad Homburg auf einen Sprung herüber. Die Frankfurter wußten um die galanten Pariser Abenteuer des britischen Thronfolgers, daher waren wohl manche enttäuscht, daß er als korrekter Ehemann in Begleitung seiner Gattin erschien. Als zwei Riesendoggen hinter einer Reckengestalt hertrotteten, konnte es sich bei dem Bahnhofsbesucher nur um Fürst Bismarck handeln. Für die Frankfurter Demokraten war es eine Genugtuung, daß Kaiser Wilhelm einmal seine Uhr nach der in ihrem Hauptbahnhof stellen mußte. Nicht vergessen soll werden, wie am Nikolaustag 1906 ein Zug in den Wartesaal erster und zweiter Klasse raste. Immerhin besaß die Lokomotive die Höflichkeit, vor den Tischen stehen zu bleiben, an denen sich ein paar Gäste zum ersten Frühstück niedergelassen hatten. Die kamen mit dem Schrecken davon.

Schanktische stehen heute im Gewühl herum, unter der verräucherten Bahnhofsdecke preisen in Stimmung geratene Sangesbrüder den schönen deutschen Wald. Türken fallen einander in die

Haus der Gründerjahre in der Kaiserstraße

Arme. Nach vielen Jahren haben sie sich in diesem schicksalsträchtigen Bahnhof wiedergesehen. Auf einem Bahnsteig lärmen Fußballanhänger, als gelte es jetzt schon, den Gegner niederzuschreien. Das winzige Blumensträußchen an der Sperre könnte ein vom erfolglosen Warten enttäuschter Liebhaber fortgeworfen haben. Ein kleiner Italiener hebt es auf und überreicht es seiner molligen Begleiterin mit betontem Anstand. Die weiß nicht, wie ihr geschieht.

Ein zentral gelegener Bahnhof zieht auch die Unterwelt an, und zwar war es immer die Elite der internationalen Taschendiebe, die Frankfurt beehrte. Aber auch die Komparserie der Ganoven, Gepäckdiebe, Nepper und Bauernfänger aller Schattierungen treibt sich herum. Der ausgerissene Fürsorgezögling und das halbwüchsige junge Mädchen beim vermeintlichen Start in die große Welt können nicht fehlen. Verschwunden ist jedoch der noble Hochstapler, der mit dem Gebaren eines Grandseigneurs aus den Luxuszügen kletterte. Sein verstaubtes Renommee ist im Strom der Arbeiter, der täglich durch den Bahnhof fließt, untergegangen.

Geschichten von der Renommierstraße

Zwischen Kaiserplatz und Hauptbahnhof

Die Kaiserstraße hat keine große Geschichte, doch immerhin recht amüsante Geschichten aufzuweisen. Die Frankfurter wollten sich nicht damit abfinden, daß sie in Friedrich-Ebert-Straße umgetauft worden war. Daher stand laut Beschluß vom 12. Mai 1955 eines Tags wieder Kaiserstraße auf den Straßenschildern. Allerdings konnten das baß erstaunte Passanten schon früher lesen. Lokalpatrioten hatten die Schilder mit Papier überklebt, auf dem »Kaiserstraße« stand. Die Polizei war hinter den Verfälschungen her, als handle es sich um die Machenschaften einer Untergrundbewegung.

Nach dem Frieden von 1871 rührte sich überall der Unternehmergeist. In Frankfurt führte er zum Bau einer repräsentativen Straße. Ihre Häuser trugen mit ihren recht protzigen Fassaden den Stempel der Gründerjahre. Bis dahin hatte es jenseits vom Roßmarkt nach unentdecktem Gebiet ausgesehen. Da lagen einsame Gärten und ein paar stille Höfe. Das noble Cronstettenstift konnte keinen besseren Platz finden als in dieser geruhsamen Gegend. Es war für evangelische alte Damen bestimmt. Auch das private Mädchenpensionat »Weißer Hirsch« paßte gut in die Abgeschiedenheit. Der stattliche Bau gehörte der Bankiersfamilie Gontard. In ihrem Garten las Hölderlin der jungen Susette Gontard seine Gedichte vor. Auch die Loge »Zum aufgehenden Licht« hatte offenbar am Stadtrand Zuflucht gesucht. So brach die Kaiserstraße eigentlich in ein Idyll ein. Im Jahr 1888 wurde sie über die Taunusanlage zum gerade fertigen Hauptbahnhof weitergeführt.

In der Kaiserstraße etablierten sich elegante Geschäfte. Es wurde bei manchen Frankfurtern zur Familientradition, dort ihre Luxusgegenstände und Galanteriewaren einzukaufen. So bezogen auch verwöhnte Damen von einem Juweliergeschäft an der Ecke der Neuen Mainzer Straße Schmuckstücke, die mitunter zum Stadtgespräch wurden und ihre Freundinnen vor Neid nicht schlafen ließen. Man muß es also fast als schmerzlich bezeichnen, daß ausgerechnet in der Straße jener geschmackvollen Läden nach dem Krieg eine amerikanische Umtauschzentrale entstand. Dorthin dürften manche der aus dieser Gegend stammenden Luxuswaren gewandert sein.

Die Kaiserstraße war einmal ein Vergnügungsviertel im Stil der großen Welt. Ihre Cafés imitierten um die Jahrhundertwende und auch später die Wiener Kaffeehausseligkeit. Wenn der Kapellmeister die neuesten Schlager geigte, schaute er über die weiblichen Gäste hin, als ob sein gefühlvoller Bogenstrich für jede von ihnen bestimmt sei. Auch an mondänen Bars fehlte es nicht. In diesen Schulen für angehende Lebemänner saß man ein wenig steif da und »ließ sich amüsieren«. Die Geschöpfe hinter dem Bartisch waren um gehobene Konversation bemüht.

Typisch für die Zeit war das »Englische Buffet«. Dort trafen sich finanzkräftige Herren, bei denen es zu einem eindrucksvollen Auftritt kam, wenn sie ihre Zeche bezahlten. Sie holten ihre Geldstücke aus geflochtenen Goldbeuteln, die von einem Ring zusammengehalten wurden, den womöglich noch ein Brillant zierte. Solche alarmierenden Geldbörsen waren im reichen Frankfurt nicht einmal allzu selten.

Ein Kabarett von Rang gab es ebenfalls bei Maria von Körffi. Dort gastierte Roda-Roda, der als Offizier der k. k. Armee Fahnenflucht beging, was jedoch bildlich gemeint ist. Er desertierte zur Kleinkunstbühne, wo er sich über die feschen österreichischen Salonsoldaten lustig machte. Auch Ringelnatz, den nur wenige lebende Menschen nüchtern gesehen haben, trat regelmäßig bei der Körffi auf. In seinem Normalzustand gab er hinreißende Vorstellungen. Mitunter trat auch die Frau des Hauses selbst in Aktion. Sie brachte ebenso schwüle wie geistvolle Chansons.

Ein buntes Programm vor einem bunten Publikum bot auch der Zigeunerkeller. Das Lokal wurde denen empfohlen, die sich mit einem Augenblinzeln danach erkundigten, wo denn in Frankfurt etwas los sei. Das Repertoire der »Artistinnen«, für die auf der Kaiserstraße heute in Werbekästen Reklame gemacht wird, ist erschreckend simpel. Sie entledigen sich mit Bremswirkung ihrer Kleider.

In der Straße zum Hauptbahnhof gab es schon sehr früh Kinos. Vor den Eingängen standen goldbetreßte Portiers und verkündeten im Ton von Marktschreiern, welches herzergreifende Drama an dem Tag über die Leinwand flimmern würde. Heute locken mehr oder minder pikante Standphotos die Interessenten an. Dem schulpflichtigen Alter entwachsene Burschen und distinguierte ältere Herren stehen davor, um sich in Sexfragen womöglich noch fortzubilden.

Zu dem kultivierten Nachtbetrieb der Kaiserstraße gehörten auch die Pferdedroschken und später die Taxen. Die alten Frankfurter Droschkenkutscher mit ihren steifen Halbzylindern hatten Prinzipien. Zu denen gehörte auch die Verschwiegenheit. Manchmal entdeckten sie in ihren Wagen vergessene Handtaschen mit parfümierten Briefen, in denen ebenso parfümierte Liebeserklärungen standen. Für Scheidungsanwälte wären sie sehr willkommen gewesen, noch mehr allerdings die liegengebliebenen zarten Gebilde aus Spitzen und Seide. Die Kutscher von damals hüllten sich in vornehmes Schweigen, wie es auch zum Stil der Trottoirflaniererinnen gehörte, »auf Dame zu machen«, wenn sie auch mit den wehenden Pleureusen auf den Monstrehüten des Modischen zu viel taten. Auch die Art, wie sie ihre Handtaschen schwenkten, ließ darauf schließen, daß sie nicht zum Vergnügen auf der Kaiserstraße spazierengingen. Aus der charmanten Verlogenheit ist auf Frankfurts Renommierstraße in gewissen Stunden der offene Markt geworden. Auf Illusionen legt seine Kundschaft wohl weniger Gewicht.

In der Kaiserstraße illustrieren die Büros ausländischer Fluglinien die Internationalität, genauso wie die fremden Gesichter aus allen Ecken der Welt. Lange war der Kaiserbrunnen mit seiner kostbaren Schale aus schwedischem Granit verschwunden. Vom Frankfurter Hof am gleichen Platz erzählt man sich in der Stadt regelmäßig alle Neuigkeiten, zum Beispiel, daß er schon in seinen ersten Jahren über vierundzwanzig Sitzbäder aus Zink verfügte, bald eine Dampfheizung bekam und sogar einen Personenlift.

Die Beamten vom Polizeirevier am Wiesenhüttenplatz haben mit der Kaiserstraße ihre eigenen Erfahrungen. Die gehen dahin, daß sie ein sehr heißes Pflaster ist. Nicht selten melden sich auf dem Revier Zeitgenossen, die, wie sie sich ausdrücken, in einem obskuren Lokal bis aufs Hemd ausgeplündert worden sind, meist in einer der benachbarten Amüsierstraßen. Wenn die Polizisten in dem Viertel erscheinen, um eine Schlägerei zu schlichten, verbinden sich die Raufbolde mitunter automatisch gegen »die Bullen«. Aber hatte die Kaiserstraße nicht schon immer etwas Abenteuerliches? Doch wenn früher ein Provinzonkel mit der nötigen Noblesse geneppt wurde, betrachtete er das

Kaiserstraße, Ecke Neue Mainzer Straße

womöglich noch als ein prickelndes Erlebnis. So ist die Kaiserstraße doch etwa geblieben, was sie war. Zwischen Kaiserplatz und Roßmarkt hat sie exzellente Fachgeschäfte, auch das entspricht ihrer Tradition.

Die Eschenheimer Anlage

Das „Maurische Haus" mit geheimnisvollem Bewohner

Man sieht noch viele Spaziergänger in der Eschenheimer Anlage. Sie haben wohl immer einen Blick übrig für das Maurische Haus, das bei aller Freundlichkeit ein bißchen geheimnisumwittert aussieht. Als sei es kein Zufall gewesen, daß ein Spieler mit einem so bewegten Leben da gewohnt hat.

Es ist ein originelles Haus. Schon vor dem Ersten Weltkrieg fiel es in Frankfurt jedem auf. Das ist heute erst recht so, nachdem wir uns so sehr an nüchterne Bauformen gewöhnt haben. Es handelt sich um ein Haus im maurischen Stil, Ecke Eschenheimer Anlage und Blumenstraße.

Wer das Haus zum erstenmal sieht, wird sich fragen, was den Besitzer damals veranlaßt haben mag, einen so ausgefallenen Bau hinzustellen. Kam er aus dem Orient? Sollte ihn sein späteres Heim in Frankfurt daran erinnern? Das scheint allerdings nicht so zu sein. Unsere Urgroßväter und Großväter hatten mitunter seltsame Marotten. So ließen sich manche sogar Häuser im chinesischen Stil bauen. In

Das „Maurische Haus"

95

die Parterrewohnung dieses Hauses zog eine Familie Reinhard ein. Gustav Reinhard war alles andere als eine alltägliche Figur. In seinen Kreisen brachte er es sogar zu einer gewissen Berühmtheit. Er sah äußerst jovial aus, wie ein wohlsituierter Bürger in gesicherter Position. Man hätte ihn für einen Bankdirektor halten können. Das oder etwas Ähnliches wäre wohl auch aus ihm geworden, wenn ihn nicht eine Leidenschaft daran gehindert hätte. Er spielte sein Leben lang Karten, und keineswegs einen harmlosen Skat. Vielmehr Baccarat und Ecarté, das war in der ersten Inflationszeit in Mode gekommen. Da Gustav Reinhard Tag und Nacht beim Spiel verbrachte, blieb ihm nichts übrig, als davon zu leben. Und er lebte nicht schlecht. Das war nicht allzu schwer, an allen Ecken gab es ja Spielklubs, meistens heimliche. Man durfte sich damals nicht wundern, wenn plötzlich in einer als grundsolid bekannten Gegend Polizei mit Lastwagen auffuhr, um Razzia auf »Zokker« zu machen.

Gustav Reinhard war so etwas wie ein König der Zunft. Er pflegte im Frankfurter Stadtwald spazierenzureiten, was als untrüglicher Beweis für eine feudale Lebensführung galt. Schließlich wurde er selbst Besitzer eines einträglichen Spielklubs. In Bad Homburg machte er später eine Filiale auf. Als er dort eines Abends mit seiner Frau war, wurde er angerufen. In Frankfurt sei ein großes Spiel im Gang. Es würde um höchste Einsätze gehen. So was läßt einem passionierten Spieler keine Ruhe. Gustav Reinhard setzte sich also mit seiner Frau ins Auto und ließ sich nach Frankfurt fahren. Der Chauffeur mußte rasen, denn jener war schon mit allen Gedanken beim Jeu. Aber diesmal hatte der Hasardeur tragisches Pech. Er und seine Frau kamen auf der Fahrt nach Frankfurt ums Leben. Als hätte es nur mit einem solchen Unglücksfall enden können.

Der Petersfriedhof

Die Gräber berühmter Familien

Kirchhof bei Sankt Peter, so hieß der Petersfriedhof im alten Frankfurt. Er lag damals am Stadtrand. Der Friedhof und seine Umgebung waren ein beliebtes Ziel für Spaziergänger. Der Weg dorthin führte über die Stadtmauer, auf der man bequem promenieren konnte. Immer mehr rückten aber geschlossene Häuserblocks an dieses Idyll heran, und schon lange liegt der Petersfriedhof im Herzen der Stadt. Die Stephanstraße mit ihrem lebhaften Verkehr geht mitten durch den alten Gottesacker. Allein die noch

Auf dem Petersfriedhof

97

auf beiden Seiten vorhandenen Gräber bilden nach wie vor eine Erinnerung an das alte Frankfurt und seine renommierten Familien.

Ein Mann mit Namen Commenis ließ den Friedhof anlegen. Er wollte sich damit für die freundliche Aufnahme bedanken, die er in Frankfurt gefunden hatte. Commenis gehörte zu den Protestanten, die wegen ihres Glaubens aus den Niederlanden, aus Frankreich und England vertrieben worden waren. Sie kamen zum großen Teil aus der Gegend von Besançon, Utrecht, Tournay und Antwerpen. Ihre Vornamen wie Jean und Jean-Matthieu tauchten später noch gar manchmal in den Frankfurter Kirchenbüchern auf. Sehr viele von diesen Emigranten und von ihren Nachkommen wurden auf dem Petersfriedhof beigesetzt. Sie legten großen Wert auf die künstlerische Ausgestaltung ihrer Grabstätten. So sah man auf dem Kirchhof von Sankt Peter die Werke angesehener Bildhauer und Gußtafeln aus der Hand bewährter Kunstgießer. So manche Kostbarkeit wurde im Lauf der Zeit zwischen dem Gebüsch entdeckt.

Auf den kunstvollen Grabplatten las man die Namen von Familien, die in der Vergangenheit der Stadt eine große Rolle gespielt haben. Die Neufvilles und Passavants sind auf dem Petersfriedhof beigesetzt worden. Freiherr von Bethmann und seine Mutter, auch Prinz Karl von Hessen-Philippsthal, der beim Sturm auf die von den Franzosen besetzte Stadt gefallen war.

In späterer Zeit verwahrloste der Friedhof. Eine Kreuzigungsgruppe von Hans Backofen aus dem Jahr 1512 wurde, um sie vor dem Verfall zu bewahren, durch eine Nachbildung ersetzt. Schließlich haben die Bombenangriffe auf dem alten Friedhof ihre Spuren hinterlassen.

Im Jahr 1825 beschloß der Senat, den Kirchhof für Grablegungen zu schließen. Als letzte wurde dort im Jahr 1828 Elisabeth Maurer beerdigt. In den Eintragungen hierüber wird sie ausdrücklich als »Bürgerstochter« bezeichnet. Erwähnenswert ist auch, daß am 6. Juni 1812 der erste Katholik zwischen den wegen ihres Glaubens geflüchteten Protestanten seine Ruhe fand. Nicht lange danach wurde es unruhig in der Nachbarschaft des Petersfriedhofs. 1860 kam der Durchbruch von der Schäfergasse zur Brönnerstraße, 1870 eine Verbindung mit der Bleichstraße. Unberührt davon blieb das Grabmal von Goethes Mutter. Es liegt heute im Hof der Liebfrauenschule, von dem anderen Teil des Friedhofs getrennt. Einstmals lag es wie die anderen Gräber mitten in der freien Natur.

In der Wolfsgangstraße

Der Maler Hans Thoma in Frankfurt

Über zwanzig Jahre lebte der Maler Hans Thoma in der Wolfsgangstraße in Frankfurt. Es war die entscheidende Zeit für seine Entwicklung als Künstler. Thoma hatte sich ein geschmackvolles und gemütliches Heim eingerichtet, so wie es zu einem Maler paßt. Ein reizender kleiner Garten war auch dabei.

Bis Thoma in die Wolfsgangstraße ziehen konnte, hatte er mancherlei Sorgen. Der Maler aus dem Schwarzwalddorf Bernau stieß in Frankfurt auf viel Unverständnis. Es gab Kollegen, die über seine Malerei lächelten. Er getraute sich kaum, seine Bilder einer Ausstellung anzubieten. Als ihm ein erster, größerer Auftrag erteilt wurde, hatte er auch die Bildhauer gegen sich.

Das Hans-Thoma-Haus in der Wolfsgangstraße

Thoma sollte an der Fassade des »Kaiser Karl« Skulpturen anbringen. Das Haus mit dem vielversprechenden Namen stand an der Ecke der Zeil und der Eschenheimer Straße. Thoma erregte leidenschaftliche Kritik bei den Fachleuten, nachdem er mit seinem Werk fertig war. Noch schlimmer reagierte »der Mann auf der Straße«, als er sich die Kunstwerke von Thoma betrachtete. Dieser hatte nämlich die sieben Todsünden als Kolossalköpfe dargestellt. Man kann zwar nicht erwarten, daß die Laster liebliche Züge tragen. Aber wie Thoma unter anderem Hochmut, Geiz, Neid und Wollust dargestellt hatte, das ging den guten Frankfurtern nun doch gegen den Strich. Sie nannten fortan das Haus an der Ecke der Eschenheimer Straße nur noch das »Fratzeneck«.

Nicht weniger Ärger erlebte Thoma mit seinen Wandmalereien im Café Bauer. Dazu muß allerdings gesagt werden, daß er auch die schärfste Kritik unverdrossen hinnahm. Sein urgesunder Schwarzwälder Humor half ihm dabei. Im Café Bauer sollte er, anders als mit den sieben Todsünden, die Gäste in aufgeräumte Stimmung versetzen. Deshalb malte er den Zug von Bacchus und Gambrinus. Aber kaum waren die Wandbilder fertig, da meldeten sich schon die ersten Kritiker. Der Inhaber des Cafés bekam es mit der Angst, daß die Gemälde seine Gäste vertreiben würden. Er ließ die Bilder ganz einfach zuhängen. Sie wären wohl nie wieder zum Vorschein gekommen, würde nicht Thoma hinterher berühmt geworden sein. Nun besann sich der Cafetier eines Besseren. Er ließ die Wandgemälde wieder aufdecken. Überdies schmeichelte er sich noch, welch gutes Urteil er bewiesen hätte, als er Thoma sein Lokal ausschmücken ließ . . .

Auch in seinen schweren Jahren fand Thoma in Frankfurt zahlreiche Freunde. Vor allem den Maler Steinhausen, der neben ihm wohnte. Die beiden waren nicht nur gute Nachbarn. Sie halfen auch einander bei langen Gesprächen in ihrem künstlerischen Schaffen. Aber auch an seiner Frau Cella hatte Thoma eine große Hilfe. Sie malte selbst, mit viel Talent sogar.

Thoma war überaus aufgeschlossen für die Schönheit der mainischen Landschaft. Das zeigen viele Bilder, so auch sein »Sonnenuntergang an der Nied« oder auch seine große Landschaft mit den mächtigen zerrissenen Weidenbäumen längs des Mains an der Gerbermühle. Mit solchen stimmungsvollen Gemälden hat er bewiesen, wie sehr er bei uns heimisch geworden ist.

Nach den Notzeiten ging es mit Thoma aufwärts. Fast alle Galerien erwarben Bilder von ihm. Er wurde mit Ehren überhäuft.

Am Holzhausenpark

Das Haus in der Justinianstraße und ein altes Tor am Oeder Weg

Das Haus Nummer 20 in der Justinianstraße stammt aus dem Jahr 1926. Der renommierte Berliner Architekt Bruno Paul hat es gebaut. Es schaut mit der Front auf spielende Kinder im Holzhausenpark und mit der Rückseite auf einen Garten, der eine Sehenswürdigkeit ist. Er hat mit seinem leuchtenden Rasen unter malerischen Bäumen etwas so Beruhigendes, daß man sich über ein solches Idyll mitten in der Stadt fast wundern muß. Die Nachbildung eines Pavillons aus dem Nymphenburger Schloß paßt wohl nirgends besser hin als hier in das beschauliche Bild.

Haus Justinianstraße Nr. 20

Der erste Besitzer war der Parfümfabrikant Gustav Carsch. Man sagte ihm eine »goldene Nase« nach. Die bewies er allerdings, als er in seinem Garten zwischen duftenden Blumen auf einen Wohlgeruch kam, der ein großer Verkaufsschlager werden sollte. Er nannte sein Modeparfüm Khasana. Bald kam den Frankfurtern überall ein Hauch davon entgegen.

Das Viertel um den Holzhausenpark blieb im Krieg von dem Bomben fast völlig verschont. Daher quartierten sich viele Amerikaner von Rang nach dem Einmarsch dort ein. Das Haus in der Justinianstraße bekam einen besonders potenten Mieter, den General Perry. Fortan ging es dort recht lebhaft zu. Unter anderem wurde im Garten ein Ochse am Spieß gebraten. Verächter von Drinks scheinen Perry und seine Freunde auch nicht gewesen zu sein. Der General ließ eigens eine reichbestückte Bar im Haus einbauen. Das erregte den Unmut der Soldatenzeitung »Stars and Stripes«. Sie warf Perry Vergeudung des Volksvermögens vor, als ob das reiche Amerika an einer Hausbar hätte bankrott werden können.

In dem Haus in der Justinianstraße trafen sich der Hochkommissar Lucius Clay und Konrad Adenauer zu einer ersten Unterhaltung. Die freundliche Umgebung mag nicht ohne einen günstigen Einfluß auf die wichtigsten Wirtschaftsgespräche der beiden gewesen sein.

Bald nach dem Krieg kam die Liegenschaft in den Besitz der Familie Schulz. Bei ihr gingen Prominente ein und aus. Auch der Dichter Fritz von Unruh zählte zu ihnen. Er konnte die alten Eichen und kanadischen Silberpappeln im Garten nicht genug bewundern. Dabei dachte er mit Ärger daran, daß die Behörden in seinem Stammschloß an der Lahn die schönen Baumriesen fällen lassen. Bei der Familie Schulz haben sich in den Bäumen Turmfalken heimisch gemacht, recht ungewöhnliche Hausgenossen mitten in einer Großstadt.

Das Haus am Holzhausenpark ist eine Insel, auf die sich viel von dem wahren Frankfurt gerettet zu haben scheint. Da werden mancherlei Erinnerungen an gemeinsame Bekannte ausgetauscht, an Verwandte, die man ganz aus dem Auge verloren hat, und dabei stellt sich heraus, daß Frankfurt in gewisser Beziehung doch das kleine beschauliche Städtchen von früher geblieben ist.

Karl Luley konnte im Kreis der Frankfurt-Treuen nicht fehlen. Als er einmal leicht beschwipst in eine melancholische Stimmung geriet, schrieb er das nachdenkliche Gedicht vom alten Pfarrturm ins Gästebuch. Wie oft hat er es vorgetragen!

In dem Gästebuch steht auch der Name Gretel Stoltze, er allein ist schon ein Stück Frankfurt. Eine Besucherin schreibt, sie sei so glücklich gewesen, weil alle so hübsch frankfurterisch »gebabbelt« hätten. Ernst Ludwig Schulz, der mit seinen Eltern das Haus bewohnt, hält nicht nur zu seiner Vaterstadt, sondern auch zu ihren Malern. Er hat die Galerie im Rahmhof ins Leben gerufen, ein nachahmenswertes Beispiel von privater Initiative zur ach so nötigen Hilfe für die Kunst.

Eine »grüne Insel« mit Gittertor

Auf den ersten Blick mutet dieses Gittertor anachronistisch an. Es ragt, mit den Baumgruppen ringsum, plötzlich und unvermutet, fast inselhaft im regen Verkehrsstrom des Oeder Weges auf. Blieb da, am Rande täglicher Unrast, ein winziges Stück Romantik übrig, eine geschichtliche Erinnerung? Kundige Frankfurter wissen es, andere können es leicht entdecken. Sie brauchen nur, nachdem sie durch

Das Tor am Oeder Weg

den seitlichen Eingang des prunkvollen Portals auf die kleine »grüne Insel« gelangt sind, den Schritt halb links in Richtung Kastanienallee zu lenken; an deren Ende sieht man, von Zweigen halb verdeckt, das Holzhausenschlößchen hell hervorschimmern, auch die Brücke davor, die noch heute der Besucher des Baues, in dem sich seit Jahren das Museum für Vor- und Frühgeschichte befindet, überqueren muß.

Das Geschlecht derer von Holzhausen gehört zu den ältesten und angesehensten in Frankfurt. Ihr weiträumiger Gutshof wird, als »Holzhauser Oed« (später bisweilen auch Odenstein genannt), 1398 erstmals erwähnt. 1503 übernahm Hamman von Holzhausen den Besitz, und dieser blieb seitdem un-unterbrochen – über vier Jahrhunderte lang – in Händen der Familie. 1910 verkaufte die private »Terrain-Gesellschaft Holzhausenpark« das gesamte Gut am Oeder Weg, also Wohnhaus, Weiher sowie die umher gelegenen Wiesen und Baumstücke, der Stadt Frankfurt mit der Bedingung, es als öffentliche Anlage der Bürgerschaft zugänglich zu machen und den Rest des Geländes für wohnliche Zwecke zu nutzen.

Hammans Sohn Justinian, verheiratet mit Anna von Fürstenberg, ließ auf dem Hof ein freundliches Sommerhaus errichten. Seine jetzige Gestalt als Schlößchen empfing der Holzhausensche Landsitz 1727. Um 1790 wurde ein großer Teil des Gutes zu einem Naturpark umgestaltet. Landsitz und Schlößchen waren oft Zentren froh beschwingter Geselligkeit. Einen letzten Nachklang davon bewahrt das Gittertor am Oeder Weg. Es öffnete sich vordem nur jenen, die man eingeladen hatte, und vom Schloß her konnte die breite Anfahrt durch die (Kastanien-)Allee bequem überblickt werden, so daß man jederzeit wußte, wer da als Gast kam.

Wo einmal ein Viehmarkt war ...

Die Zeil und wie sie sich im Lauf der Zeit gewandelt hat

Von der Zeil spricht man auch außerhalb von Frankfurt. Das mag an ihrem originellen Namen liegen. Auf sie ist sogar ein Gassenhauer gedichtet worden: »Alleweil, alleweil, in Frankfurt auf der Zeil.« Die Straße hat groteske Wandlungen hinter sich. Wo einmal ein Viehmarkt war, reihten sich später protzige Paläste aneinander. Der aus Verona zugewanderte Seidenhändler Franz Maria Schweizer ließ sich ein besonders prächtiges Palais bauen. Daß Kaiser Karl VII. ein Jahr lang im Haus des Patriziers Barckhaus wohnte, sprach für die Vornehmheit der Unterkunft. Natürlich domizilierten die Familien Rothschild und Mumm, wie das ihrem Reichtum entsprach. Im Kreis der Bankfürsten und Handelsaristokraten auf der Zeil gab es auch einen richtigen Großherzog, den von Hessen, ihm gehörte der Darmstädter Hof. Schließlich war auch das Palais Leonardi ein wertvoller Bau.

Aus dem schweizerischen Palast wurde später das Gasthaus »Russischer Hof«. Es mußte 1890 der Reichspost Platz machen. Das führte zur Empörung unter den Zeilfreunden. Nicht genug damit, es fand sich nur schwer ein Unternehmer, der das prächtige Gebäude abbrechen wollte. Was dabei verlorenging, zeigte sich auch, als seine Decken abgekratzt wurden. Ein nicht geringes Häufchen echtes Gold kam zum Vorschein. Eine feine Herberge war auch der »Römische Kaiser«, den manche Gäste mit Ehrfurcht betreten haben mögen. An seinem Eingang empfing sie nämlich eine Kaiserstatue. Der wie aus einem Raritätenkabinett stammende Herrscher trug eine wallende Allongeperücke, den Hermelinmantel hatte er hoheitsvoll um die Schultern hängen. Auch aus dem »Weidenhof« wurde eine Gaststätte, dafür sorgte ein wohlsituierter Schneider. Das geschäftstüchtige Schneiderlein war Goethes Großvater. Doch nicht nur die eleganten Hotels wie auch die »Rose« und die »Goldene Gans« zogen die Fremden an, die Zeil an sich war eine Sehenswürdigkeit. Statt der damals üblichen trüben Funzeln an den Hauswänden hingen in der Straßenmitte helle Laternen an Seilen herunter. Doch war nicht alles eitel Glanz. So hieß das Gasthaus »Neueneck« bei den Frankfurtern die »Lausherberge«. Von dem berühmtesten Bauwerk der Zeil, der Konstablerwache, ging wenig Glanz aus. Im Jahr 1833 hatten aufrührerische Studenten einen Sturm auf das Gebäude gemacht, was einige von ihnen in seine engen Zellen brachte. Manchen friedliebenden Frankfurtern war die Wache, zumal sie auch noch ein Verkehrshindernis bildete, daher ein Ärgernis.

Die Zeil war auch ein Platz der Lebensfreude. Auf dem sogenannten Tanzplan nahe der Allerheiligenstraße tobte sich einmal das Volk nach Kräften aus. Vor einem Kasperltheater lachten die Leute über supernaive Witze Tränen. In den noblen Hotels herrschte natürlich ein entsprechend gesellschaftliches Leben. Jenny Lind sang einmal im »Römischen Kaiser«. Viele Hollywood-Stars wären selig gewesen, würden sie so leidenschaftlich geschätzt und verehrt worden sein, wie das der »Schwedischen Nachtigall« widerfuhr. Schließlich befanden sich in späteren Jahren am Ende der alten Zeil jene Lokale, in denen junge Leute mit reichen Vätern sich dem kostspieligen Unterricht in weltmännischen Belangen widmeten.

Die Zeil

Die turbulenteste Lebensfreude herrschte in Etablissements, die aus England importiert worden waren. Man nannte sie Vauxhalls. Das erste dieser Sorte wurde 1777 zur Herbstmesse im »Rothen Haus« auf der Zeil eröffnet. Von dem britischen Vergnügungstempel hieß es, daß sich dort die vornehme Londoner Gesellschaft in dezentem Stil tummele. Das war in dem kleinen Frankfurter Saal unter einigen tausend Menschen nicht gut möglich. Immerhin war die erste Vauxhall eine Stätte ungetrübter Erholung, verglichen mit ihrer Nachfolgerin »Hinter der Rose«. Dort herrschte ein geradezu lebensgefährliches Gedränge, was Tanzwütige nicht hinderte, sich mit tollen Polkasprüngen in Szene zu setzen. Eine temperamentvolle Musik ermunterte sie bei dieser Schwerarbeit. Zum Ausgleich wurden hübsche Schauwerte geboten. Das Bild eines wildromantischen Wasserfalls war von eindrucksvoller Größe. Ein Lichtermeer blendete die Augen. Bunte Lämpchen vermittelten den Eindruck von leuchtenden Smaragden und Rubinen, und das alles für nur einen Gulden Eintrittsgeld, wobei es einen Tee gratis gab. Schließlich bot die Vauxhall noch aufregende Einlagen. So trat eine Gruppe von Wilden auf, ein echter Prinz soll sogar dabeigewesen sein.

Ältere Frankfurter werden sich womöglich noch an den buntbemalten Turbanträger erinnern, der an einem Eckhaus der Hasenstraße mit einer Pistole im Anschlag zu sehen war. Dem bedroh-

106

lichen Anblick lag eine Schauergeschichte zugrunde. Dem Pistolenschützen war in Istanbul die Frau entführt worden. Nun wollte der beleidigte Osmane die Schmach nicht mit einem banalen Scheidungsprozeß aus der Welt schaffen. Er verfolgte vielmehr den Verführer bis nach Frankfurt, wo er ihm von einem Hotel auf der anderen Straßenseite auflauerte, bis er ihn zur Strecke bringen konnte. Das von dem Drama betroffene Haus auf der Zeil hieß in Frankfurt »Zum Türkenschuß«.

Trotz aller Ungereimtheiten ist sich die Zeil in einer Beziehung treu geblieben. Schon früher hielten dort die Seidenhändler, die Goldschmiede und Tuchkaufleute ihre Waren feil. Wo einmal ihre bescheidenen Verkaufsstände waren, stehen heute Kaufpaläste. Auch die Hauptpost hat zum mindesten den gleichen Massenandrang. Daneben ist in der Paradeladenstraße noch Platz für Außenseiter wie Brezelmänner, Bratwurstverkäufer und Obstkarreneigner. Seit dem 8. Mai ist die Zeil die Autos los. Nicht nur die obstinaten Fußgänger haben davon Profit. Viele Frankfurter meinen, endlich gehöre die Zeil wieder ihnen. Der Ansicht sind vor allem die Frauen, die nun, unbelästigt von den Autos, bei ihrem Einkaufsbummel kreuz und quer über die Straße gehen können. Bei ihrem Zeil-Trip macht es ihnen jetzt noch mehr Spaß, zwischendurch im Erfrischungsraum eines Warenhauses zum Kaffee (allen Schwüren zuwider) kalorienstrotzende Sahnetorten zu verzehren.

Auch die Zeil hat launige Randerscheinungen. Da steht zum Beispiel ein junges Mädchen vor einem Schaufenster. Der Kleinen waren offenbar ihre Bluejeans noch zu konventionell. Die hat sie mit malerischen Flicklappen dekoriert. Mit unergründlichem Lächeln schaut sie auf eine Schaufensterpuppe in einem berauschenden Abendkleid. Vor einem Herrenmodegeschäft ist der Blick eines jungen Mannes auf einen gutgeschnittenen Anzug »von der Stange« gerichtet. Wenn er den beim nächsten Ausverkauf »schnappen« könnte! Es ist genauso wie vor sechs oder sieben Jahrzehnten. Das sagt man sich auch vor dem Western Store auf der Neuen Zeil. Dort möchten sich blasse Jünglinge in den Schrecken der Saloons und der Postkutschen verwandeln. Waren etwa große und kleine Knaben vor mehr als einem halben Jahrhundert nicht von den gleichen Wunschträumen geplagt, wenn sie sich auf jeden neuen Karl May stürzten?

Die Neue Zeil gibt es übrigens gar nicht mehr. So nannte man mehr aus Verlegenheit das Stück hinter der Konstablerwache, weil es so gar nichts von der Zeil an sich hatte. Eine Sensation gab es allerdings auf dem sonst recht farblosen Straßenteil, das jüdische Theater. Es hatte ein »gehobenes« Publikum, viele Akademiker darunter. Einträchtig lachten Vertreter aller Konfessionen über gepfefferte Chansons und über Einakter, bei denen in Bettfragen meist eine amüsante Verwirrung herrschte. Heute werden uns noch manchmal Witze als Novitäten offeriert, die vom jüdischen Theater auf der Zeil stammen. Abgesehen von zahlreichen Häusern ist dort auch sonst noch einiges stehengeblieben.

Übrig blieb nur der Name für eine U-Bahn-Station

Die Konstablerwache gibt es lange nicht mehr / Früher Revier der Lebewelt

Kein Straßenschild ist zu entdecken, auf dem Konstablerwache steht. Es gab ja auch nie einen Platz dieses Namens, geschweige denn eine Straße. Selbst alte Frankfurter werden baß erstaunt sein, wenn man ihnen das erzählt. Für sie war die Konstablerwache immer ein Stück Frankfurt wie der Römerberg und die Kaiserstraße, was auch auf dem Stadtplan stehen mochte. Das wird sich auch nicht ändern. Auf dem freien Platz, der heute zur Zeil gehört, steht doch weithin sichtbar Konstablerwache. Das gilt, so sollte man meinen, für die ganze Gegend. Das Wort Konstabler bezeichnet den neuen U-Bahnhof. Der ist sehr geräumig, die Rolltreppen gehen auch schon, oder noch, wie man es nimmt. Ob sich da auch gewisse Dauergäste einstellen wie im benachbarten alten Souterrain nach der Fahrgasse hin, alte Clochards und Nichtstuernachwuchs? Die unterirdischen Passanten haben es in den Abendstunden in ihrer Nähe eilig.

An der Konstablerwache

Um die Einbuchtung der Zeil stehen eindrucksvolle Möbelpaläste. Gerade zieht ein junger Mann seine Begleiterin von einem Schaufenster fort. Sie hat lange genug vom zukünftigen Schlafzimmer phantasiert. Die Konfektion wirbt bis auf die Straße hinaus mit Sonderpreisen. Damenmäntel kann man direkt von der Stange holen, man braucht sie dann nur noch zu bezahlen. Ein Jäger nach Filmkomparserie würde vor einem Blumenstand wie gebannt stehen bleiben. Einen echteren Typ von alter Blumenfrau wird er schwerlich anderswo finden. Auf den jungen Mann im Ministand scheinen die Usancen der nahen Kaufhäuser abgefärbt zu haben. Er bietet seine Kreppel zu Discountpreisen an.

Ganz Frankfurt, auch das war merkwürdig, sprach von der Konstablerwache, als sie selbst schon lange nicht mehr existierte. Sie war einmal ein Zeughaus, das dann für die Stadtartillerie umgebaut wurde. Die Frankfurter zeigten allerdings wenig Achtung vor den Unterkünften ihrer Wehrmacht. Als ein Teil der Wache der Straßenbahn im Weg war, wurde er kurzerhand abgerissen. 1866 verschwand das ganze Gebäude. Die Wache war auch Gefängnis. 1833 versuchten aufrührerische junge Leute, sie zu stürmen. Sie kamen aber nur als Gefangene in ihre Mauern. Der Burschenschaftler Lizius konnte aus der Haft entweichen. Über den Polizeidiener Schnitzspahn, der dabei übertölpelt wurde, amüsierte man sich in der ganzen Stadt. Alles lachte über den Fall Körner. Den hatte man in Damenkleidern aus Frankfurt geschafft. Nichts dabei fehlte, weder Schleier noch Löckchen.

Vielleicht sprachen die Frankfurter so gern von ihrer Konstabler, weil sie so viel mit ihr zu tun hatten. Das fing bei denen aus dem vorigen Jahrhundert schon in der Kindheit an. Eines Tages waren sie alt genug, daß ihre Mutter mit ihnen zur Konstabler ins Café Goldschmidt gehen konnte. Da gab es den beliebten Hefekuchen mit Rosinen, der zum Überfluß noch mit Schokolade übergossen worden war.

Das Goldschmidt war im ersten Stock, unten sah es anders aus. Da hielten sich die Droschkenkutscher zwischen ihren Fahrten auf, und wenn sie von ihren zum Teil pikanten Erlebnissen erzählten, herrschte ein anderer Ton als unter Kaffeetanten. Im Parterre verkehrten auch die Pferdehändler. Ihre Fachausdrücke hatten mit Schriftdeutsch sowenig zu tun wie ein kirgisischer Dialekt.

An der Droschkenhaltestelle passierte eine lustige Geschichte. Sie betraf den Chemiker, Entdecker und Frankfurter Otto Hahn. Der ging damals in die nahe Klingerschule. Otto war wohl ein zartes Kerlchen und mußte sich von seinem Bruder sagen lassen, er habe Angst, durch die Wagenreihe dicht an einem Pferd vorbeizugehen. Daraufhin kletterte Otto gleich unter dem Bauch eines Gauls durch.

Die Konstablerwache war auch das Revier der Frankfurter Lebewelt. Dieser oder jener noch präsente alte Herr mag einmal im Frack oder Smoking im Maxim gesessen haben. Womöglich passierte ihm das peinliche Malheur, über die Schleppe einer Dame zu stolpern, die sie mit graziöser Sorgfalt hinter sich herzog. Heute wird er sich womöglich noch wundern, welche obszönen Chansontexte da fällig waren, und das in der steifen Kaiserzeit. Allerdings hatten sie Geist und Charme. Den letzteren besaßen auch die Interpretinnen, wenn sie mit wehenden Pleureusen im Haar auf die Bretter rauschten und dabei ein wenig an aufgeputzte Zirkuspferde erinnerten. Bei ihren schlüpfrigen Pointen wurden sie von rotem Licht angestrahlt, so daß auch der Begriffsstutzigste merkte, daß es sich nicht um Gedichte für die Quarta handelte.

Es gab an der Konstablerwache immer Cafés aller Schattierungen. Das »Orpheum« wird noch ein wenig in Erinnerung sein, weil da meistens große Stimmung herrschte. Für die sorgten schon die schmissigen Kapellen. Es gab auch Gesangseinlagen. Als Attraktion präsentierte sich ein Wiener, der entgegen allen Gepflogenheiten der Branche wirklich von der Donau stammte. Er hieß Pepi Berger und verkündete mit Schmalz in der Stimme, im Prater würden wieder die Bäume blühen. Das versetzte die Frankfurter in Begeisterung. Sie fühlten sich damals in Sachen Gemüt wie halbe Wiener. Von Hawaii wußten sie noch nichts. In demselben Haus war übrigens eine Bühne untergebracht, die Singspiele brachte. Im Laufe der Dinge wurde ein Kino daraus.

Auch in der Inflationszeit war an der Konstablerwache für das Amüsierbedürfnis gesorgt. Ein »Direktor« Rappmann hatte bereits in der Schnurgasse ein Lokal, das selbst von dessen Stammgästen als Bumsladen bezeichnet wurde. Er eröffnete an der Konstabler eine Filiale. Damals übten auch Damenkapellen Anziehungskraft aus. Die Musikantinnen saßen auch bei Rappmann wie auf einem Präsentierteller, die jüngeren vorn, die weniger taufrischen hinten. Zur Anerkennung wurden ihnen Bierkrüge auf das Podium geschickt. Später eröffnete in der Gegend die »Gondel«. Von ihren Besuchern kann man wohl noch eine größere Anzahl treffen, unter ihnen auch Verehrer der Ballette, die damals in Mode kamen. Die Damen agierten allerdings meist recht eigenwillig, jede bewegte die Beine, wie es ihr gerade einfiel. Ihre singenden Kolleginnen wickelten ihre Pointen nicht mehr in Watte. Auch die Komiker in der »Gondel« waren frei von Hemmungen, wenn auch ihre Witze oft ein ehrwürdiges Alter hatten. Ein Relikt aus dem Ersten Weltkrieg war das U 9. Die Bretterbude hatte den Seekrieg überdauert, und Schieber begossen da ihre Schwarzmarktgeschäfte mit Champagner.

Zu den häßlichen Erscheinungen der wilden Jahre zählte auch ein heruntergekommenes Café, in dem sich die Zentrale des Geschäfts mit Silbermünzen befand. Sie wurden zu erhöhtem Preis aufgekauft und ins Ausland verschoben. Trotz dieser Unerfreulichkeiten lag über der Gegend sogar etwas von einem leichtlebigen Künstlerviertel. Schuld daran war die nahe Albusgasse, aus der eine Albusstraße geworden ist. Dort wohnten viele Artisten während ihres Engagements in Frankfurt, und als Dauermieterinnen hatte sie Kabarettsternchen, Tänzerinnen, die sich als weibliche Gigolos betätigten, und auch Bardamen. So kam es, daß nicht selten Blumensträuße in der Gasse abgeliefert wurden, mittags wohlgemerkt, die Damen pflegten lange zu schlafen.

In der Albusgasse befand sich ein Lokal, das unter den Leuten vom Varieté internationale Berühmtheit hatte. In die »Artistenklause« gingen aus Kameradschaft auch mal berühmte Stars, wenn sie in der Nähe waren. Mitunter drückten sie dann einem ausgedienten Clown, der dort nur noch von seinen besseren Tagen träumen konnte, einen Geldschein in die Hand. All das scheint uns eine Ewigkeit zurückzuliegen, wenn wir über den nüchtern wirkenden Platz gehen, auf dem Konstablerwache als Name für eine U-Bahn-Station zu lesen ist.

Wo sich die „Krawaller" trafen

Alte Gasse und Große Friedberger / Treffpunkt der aufsässigen Studenten

Bei dem berühmten Kupferstecher Merian hieß sie noch die Friedberger Gaß. Später wurde sie in Große Friedberger Straße umgetauft. Heute wird sie den ganzen Tag über von dem für die Innenstadt typischen starken Verkehr geprägt. Ihr Gesicht bekommt sie von den Läden, die sich in bunter Folge aneinanderreihen. Dabei fallen vor allem die Möbelgeschäfte mit ihren eindrucksvoll dekorierten Schaufenstern auf. An der Ecke der Vilbeler Straße befindet sich ein für die Kaiserzeit charakteristischer Bau mit einer Apotheke. Der Bronzeengel über dem Eingang, ganz im Stil der damaligen

In der Alten Gasse

Epoche, ist etwas zu pompös geraten. Auffallend sind die vielen Wirtschaften, einige machen auf Originalität. Ein Kinopalast ist den Frankfurtern seit Jahren vertraut. Dagegen existiert das Hotel Drexel nicht mehr, andere Mieter sind in den weiträumigen Bau gezogen.

Es gab in der Großen Friedberger Straße schon früh eine Menge Gasthöfe. Sie hatten mit ihren weiten Abstellhöfen zum Teil ländlichen Charakter, ihre Gäste waren Viehzüchter und Fuhrleute. Im Hof des Gasthofs »Zur Reichskrone« veranstalteten 1701 snobistische Engländer eine Bärenhatz mit Bullenbeißern.

Die Große Friedberger Straße hat eine für die Frankfurter anheimelnde Vergangenheit. Dort wohnte unter anderen auch Goethes Großvater, der Stadtschultheiß Textor. Das interessanteste Haus trägt die Nummer 32. Es beschwört romantische Vergangenheitsbilder herauf. Durch seinen Torbogen rollten die Postkutschen des Fürsten Thurn und Taxis. In dem großen Hof mit seinen Stallungen waren im Sommer achtzig, im Winter sechzig Pferde untergebracht. Daran erinnert das Bild einer Postkutsche an der Wand des Hauses, an dem wohl fast alle Leute achtlos vorübergehen. Über der Einfahrt zeigt ein Wappen einen weißen Schwan. Er hat dem ernsten, aber pittoresken Gebäude den Namen gegeben. Auch der »Haferkasten« auf der anderen Straßenseite erinnerte an die Postkutschentage.

Die Alte Gasse bildet die Verlängerung der »Großen Friedberger«. Sie ist heute eine recht unauffällige Geschäftsstraße. Dabei war sie einmal ein echtes Stück Alt-Frankfurt. Davon ist nicht viel übriggeblieben. Unter anderem ist auch das hübsche alte Pfarrhaus längst verschwunden, das später Kleinkinderschule wurde. Die Frankfurter nannten sie die Kreuzerschule, weil jedes Kind für seine Verpflegung vier Kreuzer, das macht sechs Pfennige, abliefern mußte. In der Alten Gasse wohnten viele Gärtner, die offenbar sehr eigenwillig waren, eine Gemeinde für sich. So sagte man ihren Frauen nach, sie würden in hohem Maße an Klatschsucht leiden. Von ihrem Dialekt hieß es gar, daß man sie an ihm beim ersten Wort als Altegässer erkennen würde.

Die wahre Sehenswürdigkeit der Alten Gasse ist die Krawallschachtel. Man sieht dem niedlichen und beschaulichen Haus nicht an, daß sich anno 48 dort die Aufrührer heimlich trafen. Sie hießen im Volksmund die Krawaller.

Sie steht seit 1526 in der Alten Gasse: die »Krawallschachtel«. Wie kommt sie zu dem seltsamen Namen? Zwar kann man heute in aller Gemütlichkeit seinen Wein dort trinken. Um die Mitte des vergangenen Jahrhunderts allerdings ging es weniger friedlich zu. Mißvergnügte und Aufrührer trafen sich damals in dem malerischen Häuschen. Sie hießen im Volksmund »die Krawaller«. Bei den biederen Bürgern erregten sie mit ihrem verwegenen Aussehen recht wenig Vertrauen. Sie trugen Pistolen, mächtige Säbel und hatten sich breite, schwarzrotgoldene Schärpen um den Leib geschlungen.

Viele dieser Revoluzzer waren Studenten, die aus benachbarten Universitäten kamen. Sie waren von idealer freiheitlicher Gesinnung. Um so beklagenswerter erschien das Schicksal von manchen. Sie wollten die Konstablerwache im Sturm nehmen. Dann sollten die Glocken zum allgemeinen Aufruhr läuten. Der Putsch mißlang, viele der jungen Leute wurden verfolgt und verhaftet. Der Student Bernhard Lizius wurde in eine Zelle der Konstablerwache eingesperrt. Er ließ sich von dort an einem Seil herunter und suchte das Weite. In ganz Frankfurt wurden daraufhin nach der Melodie vom

Die Krawallschachtel

»Doktor Eisenbart« Spottlieder gesungen. Sie galten dem Gefangenenaufseher Schnitzspahn, der sich bei der Flucht hatte übertölpeln lassen.

Die Frankfurter zeigten Mitgefühl mit den inhaftierten Studenten, allen voran die Schwester des Lokaldichters Stoltze. Anette Stoltze mußte vier Wochen absitzen, weil sie den Gefangenen zur Flucht verhelfen wollte.

Besonders abenteuerlich verlief die Flucht von Dr. jur. Gustav Peter Körner, der bei den Straßenkämpfen am Arm verwundet worden war. Man steckte ihn in Damenkleider, und so fuhr er mit seiner Schwester zum Sachsenhäuser Tor. Dort bekamen die Ausreißer allerdings Herzklopfen, denn die Wache war von der Bürgerwehr besetzt. Es ging aber gut. Dann gab es jedoch erneutes Zittern bei der Visitation beim Zoll in Isenburg. Offenbar sah aber das »Fräulein« Körner mit dem kleidsamen Damenhut, dem Schleier und den fein gedrehten Löckchen so niedlich aus, daß die Zöllner es mit Wohlgefallen betrachteten und keinerlei Verdacht schöpften.

Zwei andere Aufrührer, Mathiae und Fries, hielten sich wochenlang versteckt. Dann fuhren sie ungeniert, elegant angezogen und entsprechend geschminkt, in offener Equipage vom Eschenheimer Tor nach Hochheim. Von dort entkamen sie nach Frankreich.

Im März 1848 gab es eine allgemeine Amnestie. Jetzt konnten sich die aus der Konstablerwache Entkommenen wieder sehen lassen. Der Übermut der Jugend blieb ihnen erhalten. Aus dem Schlüssel des Hoftors, den sie damals mitgenommen hatten, ließen sie sich Ringe schmieden. Sie vergaßen auch nicht, das Datum ihrer Flucht eingravieren zu lassen.

Das Hessendenkmal

Erinnerung an eine Befreiung

Die Stadt hatte unter den Napoleonischen Kriegen sehr zu leiden. Offenbar glaubten die französischen Generäle, die Frankfurter würden im Geld schwimmen. Die Kontributionen, die sie der Stadt auferlegten, waren horrend. Es gab daher in ganz Frankfurt ein dankbares Aufatmen, als Hessen und Preußen am 2. Dezember 1792 in die Stadt einrückten.

Zunächst mußten die Frankfurter allerdings noch sehr um ihre schöne Stadt bangen. Mit Schrecken hörten sie, die Preußen hätten Mörser mit zehnpfündigen Geschossen auffahren lassen, um den Widerstand der Franzosen zu brechen. Überdies war ein Parlamentär, der zur Übergabe der Stadt aufgefordert hatte, von den Franzosen erschossen worden. Das bedeutete auch nichts Gutes für Frankfurt. Jetzt, so sagte man sich, werden die Belagerer auf nichts Rücksicht nehmen.

In seiner Not bestürmte der Rat der Stadt den französischen Oberkommandierenden von Helden, es nicht zum Bombardement der Stadt kommen zu lassen. Das wurde auch mit echter französischer Lie-

Das Hessendenkmal an der Friedberger Landstraße

115

benswürdigkeit versprochen. Aber bald darauf gab es Anlaß zu den schlimmsten Befürchtungen. Man sah französische Kanonen nach dem Friedberger Tor rollen.

Nun blieb den Frankfurtern nichts übrig, als sich selbst zu helfen. Handwerksgesellen, Maurer, Schiffer, Zimmerleute und Tagelöhner rotteten sich zusammen. Sie schnitten die Stränge der Bespannung an den französischen Kanonen durch und zerbrachen die Räder und Röhren der Lafetten. Auf der Zeil nahmen sie den französischen Soldaten die Gewehre ab.

Damit war die Gefahr für Frankfurt noch nicht vorüber. Die Verwegensten aus dem Volkshaufen machten sich daher nach dem Friedberger Tor auf. Sie schlichen sich auf abenteuerliche Art in das Torgewölbe, und ehe die Franzosen merkten, was vorging, fiel die Zugbrücke herunter. Die Befreier konnten eindringen.

Wo heute das Denkmal steht, wurde heftig gekämpft. Die hessischen Jäger, die sich durch Hecken, über Zäune und Mauern mühsam vorarbeiten mußten, hatten große Verluste. In ihrer Wut darüber gaben sie keinerlei Pardon.

Die Frankfurter hatten von den Franzosen nichts Gutes erfahren und daher nur wenig Veranlassung, ihnen zu helfen. Und doch regte sich überall in der Stadt das Mitgefühl für die Besiegten, die durch die Straßen gehetzt wurden. Viele Bürger versteckten die verängstigten Franzosen sogar in ihren Häusern. Dafür hätten sie schwer bestraft werden können.

Vielleicht spielte bei der Anteilnahme an dem Los der Besiegten noch etwas mit. Die Frankfurter hatten immer eine Vorliebe für das Französische. Wie viele französische Ausdrücke gab es früher in der Frankfurter Mundart. Und sie klangen wie echtes »Frankforterisch«.

Seitensprünge nach Alt-Bornheim

Ein Hauch von Paris

Bornheim war einmal ein winziger Marktflecken. Dort wohnten die sogenannten armen Leute, so wurden die Dorfbewohner damals schlechthin genannt. Den Freuden des Lebens schienen die Bornheimer trotzdem nicht abgeneigt gewesen zu sein. Sie mußten dazu angehalten werden, ihre Felder zu bestellen. Sie wollten nämlich viel lieber Wein anbauen.

Bornheim soll schon in vorkarolingischer Zeit eine Kirche gehabt haben. In einer Chronik aus dem Jahr 1261 wird jedenfalls ein Gotteshaus mit dem Namen Johanniskirche erwähnt. 1492, so ist ferner überliefert, besserten die Bornheimer ihren Kirchturm mit Steinen aus.

Die Leute von Bornheim waren offenbar eifrige Kirchgänger. Der Gottesdienst wurde nämlich von einem Frankfurter Pfarrer abgehalten, und sie beklagten sich immer wieder bei der Stadt, daß sie in der Seelsorge vernachlässigt würden. Sie bekamen daraufhin ihren eigenen Prediger. Einer von

Bei der Johanniskirche in Alt-Bornheim

117

ihnen hieß Johann Christian Mitternacht. Dieser geistliche Herr ging mit seiner Gemeinde scharf ins Gericht. Er wetterte von der Kanzel herunter gegen den lockeren Lebenswandel der Bornheimer. Besonders geißelte er die Auswüchse bei ihrer »Kerb«, die am Ostermontag abgehalten wurde.

War nun Mitternacht ein übertrieben eifriger Moralprediger, oder gab es wirklich triftige Gründe, um den Bornheimern die »Leviten zu lesen«? 1776 wurde die Kirche von einem Blitz getroffen, und die Leute munkelten, der Blitzschlag sei ein Strafgericht des Himmels gewesen, das die Bornheimer durch ihre lasterhafte Lebensführung heraufbeschworen hätten. Die Kirche, die völlig ausgebrannt war, wurde übrigens später wiederaufgebaut.

Die Frankfurter nahmen von dem verschlafenen Dörfchen weit vom Stadtrand lange Zeit überhaupt keine Notiz. Das wurde später allerdings anders. Besonders an Sonntagen und Feiertagen wanderten die Frankfurter Familien nach Bornheim. Oder sie fuhren selbstbewußt mit der Kutsche dorthin. Bornheim war sogar für sie ein besonders lockender Ausflugsort. Der Weg führte durch das Friedberger Tor an gepflegten Gärten vorüber. Dann ging es an hohen Pappeln vorbei durch eine fast unberührte Heide.

Besonders lockte die Frankfurter auch, daß sie in Bornheim gut aufgehoben waren. Es gab alle Arten von Wirtshäusern, viele hatten schattige Gärten. Die nobelsten unter ihnen waren »Adler«, »Löwe« und »Lilie«, natürlich waren die Bornheimer Lokale auch wegen ihres Apfelweins berühmt. Aber fast noch im besseren Ruf, besonders bei den Damen, standen sie wegen des vorzüglichen Kuchens, den sie ihren Gästen auftischten.

Wahrheit ist, daß Bornheim oft genug das »lustige Dorf« genannt wurde. Besonders in seinen Gastwirtschaften muß es recht fröhlich zugegangen sein. Manche von ihnen waren bei den Frankfurtern sehr beliebt, so die »Sonne«, die schon 1750 erbaut wurde, und das Lokal »Zum langen Hof« in der Berger Straße. Es soll beileibe nicht behauptet werden, daß es diese Gasthöfe waren, die Bornheim in den Ruf brachten, ein Sündenbabel zu sein. Immerhin gab es in Bornheim viel früher als in Frankfurt Wirtschaften mit Damenbedienung; und diese Lasterhöhlen waren aus gutem Grund von der Rückseite zu erreichen, wie in den Berichten über sie ausdrücklich erwähnt wird.

Lebensfreude herrschte auch noch später in den Bornheimer Lokalen. Ein Beispiel dafür war die »Lilie«, die »Lilch«, wie sie im Volksmund genannt wurde. Dahin gingen die Frankfurter jungen Leute tanzen, und zwar so, wie sie das von ihrem Tanzlehrer nicht gelernt hatten. Sie schoben vielmehr »Backe an Backe« durch den Saal. Manche ältere Herrschaften jenseits der Höhenstraße werden sich noch gut daran erinnern. Und auch heute herrscht im Umkreis der Kirche, in der einmal die übergroße Bornheimer Fröhlichkeit angeprangert wurde, nicht gerade der Trübsinn.

Ein Anziehungspunkt besonderer Art bildeten die Bornheimer Tanzsäle. Man war sich in Frankfurt darüber einig, daß man nirgends einen so flotten Schottisch und gemütvollen Rheinländer »hinlegen« konnte wie auf dem Bornheimer Parkett, das in Wahrheit aus Holzdielen bestand. Die »neumodischen« Tänze, die später bei manchem biederen Bürger Ärgernis erregten, gab es damals noch nicht. Erst um die Jahrhundertwende konnte man in der »Lilie«, auf gut frankfurterisch »Lilch«, einen Schieber nach Muster des Berliner Schwoof sehen. Die Bornheimer waren überhaupt sehr für Ausgelassenheit. Bei ihrer Kirchweih ging es immer hoch her. Sie feierten sie Mittwoch nach Pfingsten, also viel früher als jetzt.

Viele alte Bornheimer Hinterhöfe haben jetzt noch etwas Idyllisches. Sie erinnern damit ein wenig an Paris. Besonders die gemütlichen Apfelweingärten waren schon immer recht stimmungsvoll. Einer der bekanntesten hat eine interessante Geschichte. Im Jahr 1647, also im Dreißigjährigen Krieg, kam ein gewisser Johann Wilhelm Schreiber nach Bornheim. Einer seiner Nachkommen, der bis 1916 lebte, machte eine Apfelweinwirtschaft auf. Dem passierte eines Tags ein wenig angenehmes Mißgeschick. Er wurde von einem Fohlen an die Wange getreten. Der Unfall ging zwar noch gut ab, aber immerhin blieb eine Narbe bei dem Kneipwirt zurück. Eines Tags war der Oberbürgermeister Dr. Franz Adickes als Gast im Schreiberhof, so hatte der Gründer seine Wirtschaft genannt. Das Frankfurter Stadtoberhaupt hörte die Geschichte von dem temperamentvollen Fohlen und machte seine Scherze darüber. Ein Wort gab das andere, und schließlich wurde das Apfelweinlokal umgetauft. Auf den Namen »Schmärrnche«, so nennt man in Frankfurt ein Andenken, wie es das Fohlen im Gesicht Schreibers zurückgelassen hatte.

Das Schmärrnche liegt in malerischer Alt-Bornheimer Umgebung. Dicht dabei, in der Spillingsgasse, steht ein 250 Jahre altes Haus. Und die benachbarte Eulenburg hat auch schon manche Jahre hinter sich.

Eine Straße, von der viel gesprochen wird

Auf der Bornheimer Zeil herrscht noch echtes Frankfurter Leben

Es macht sie nicht besonders interessant, daß sie vom Stadtinnern bis »aufs Land« hinausführt, was früher noch ausgeprägter war. Gewiß, in ihr stehen mehr Häuser als in fast allen anderen Straßen, doch auch das dürfte nicht daran schuld sein, daß so viel von ihr gesprochen wird. In der Berger Straße herrscht eben an allen Ecken und Kanten echtes Frankfurter Leben. Wenn sie die Straße des kleinen Mannes genannt wird, soll das heißen, daß sie noch etwas von der Frankfurter Bürgerlichkeit hat, über deren Verschwinden so viel geklagt wird.

In der Berger Straße

120

Man denkt an Bornheim, wenn von der Berger Straße die Rede ist. Ein Teil von ihr gehört ja zu dem Vorort. Aber wo fängt das an? Regional gesehen beginnt die Berger Straße am Merianplatz. Doch in viele Bornheimer Köpfe will das nicht hinein. Allenfalls lassen die von der Nordoststadt noch die Höhenstraße als Stadtviertelgrenze gelten. Für manche Bornheimer beginnt ihr Stadtteil allerdings erst an der Drehscheibe unterhalb der Saalburgstraße. Dann gibt es noch die Alteingesessenen. Für die zählt nur Altbornheim, die Gegend um die Eulengasse und die Große Spillingsgasse.

Wenn man in die Berger Straße kommt, liegt linker Hand der Bethmannpark. Mit seinen vielen offenen Eingängen lädt er seine zahlreichen Freunde ein, ihn auch an den Wintertagen nicht zu vergessen. Schließlich finden sie auch jetzt die Wege zwischen dem Grün säuberlich gepflegt und die Pflanzen mit Tannenzweigen sorgsam zugedeckt. Der bescheidene Teich ist zwar rundum recht nackt, doch die beiden älteren Herren, die an ihm spazierengehen, finden ihn sicher nicht weniger reizvoll als im Sommer. Sie liefern einen ersten Beweis dafür, daß hier und in der ganzen Gegend noch geruhsame Bürgerlichkeit herrscht. Da hinten habe sie gestanden, sagt der eine recht feierlich. An den Sonntagen seien die Leute haufenweise gekommen, um sie zu sehen. Er meint damit die Ariadne aus carrarischem Marmor, die auf ihrem Panther so leger wie auf einer Ottomane saß. Sie wurde in einem eigens für sie erbauten Tempelchen aufbewahrt, das »Ariadneum« hieß, in der Tat ein Wort mit einem ambitionösen Klang. Elf Jahre hatte der Bildhauer Johann Heinrich Dannecker an dem Kunstwerk gearbeitet, in einem Augenblick wurde es 1944 zerstört.

In der Berger Straße selbst ist so manches stehengeblieben. Recht adrett präsentieren sich die Häuser von früher, wie zur Ehrenrettung ihrer manchmal gelästerten Epoche. Freilich mag mancher ihrer Baumeister von einem experimentierfreundlichen Spieltrieb befallen gewesen sein. Den Erbauer von Nummer 8 plagte wohl die Verehrung klassischer Bildung. In zwei Nischen der nüchternen Fassade postierte er Nachbildungen römischer Skulpturen.

Ein nicht alltägliches Bauwerk steht am Merianplatz. Auf einem breiten Unterbau sitzt ein Oberteil, das nach einem aufwendigen Taubenschlag aussieht. Für alles könnte man das Ganze halten, nur nicht für eine Badeanstalt. Dabei zog es schon unsere Großväter beziehungsweise Urgroßväter in ihrem Reinlichkeitsbedürfnis dahin, wohlgemerkt in einer Zeit, in der von Badezimmerbesitzern wie von Leuten gesprochen wurde, die im Luxus leben.

An der Ecke der Höhenstraße gibt es eine freundliche Überraschung, ein leuchtendblau gestrichenes Haus mit hellweißen Fensterumrahmungen. Und dagegen die häßlichen U-Bahn-Baustellen! Sie behindern nicht nur den Verkehr, sondern auch die Gedanken an manches Schöne, was man zufällig in der Vielfalt der Berger Straße entdeckt. Die Josefskirche wirkt mit ihrem massiven Turm wie ein mittelalterliches Gotteshaus, das zur letzten Wehr gegen Feinde diente.

Zu den bescheidenen Erbschaften aus der Vergangenheit, der sich die Straße rühmen kann, gehört der hohe Brunnen. Er soll an die erste Bornheimer Wasserleitung erinnern. Das Uhrtürmchen sollte eine nette Abwechslung in das Straßenbild bringen. Im übrigen entdeckt man zwischen den anderen vereinzelte, putzige alte Häuschen als schwachen Ersatz für die fehlenden repräsentativen Bauten. Schließlich mag jemand nicht ohne Stolz JH 1902 an sein stattliches rotes Sandsteinhaus geschrieben haben. Die Aufschrift »Zum Schlagbaum« mit der Jahreszahl 1893 erinnert daran, daß man in der guten alten Zeit oft nicht ungerupft in die Stadt kam.

Inzwischen geht man an einem Restaurant vorbei, an dem »Weiße Lilie« steht. »Blumensäle« ist noch hinzugesetzt. Alten Bornheimern kommt beim Lesen dieser Namen gleich ein ganzes Bündel von Reminiszenzen. In der »Weißen Lilie« konnte man sich einmal davon überzeugen, daß die Bornheimer ein Völkchen mit einem besonderen Liebesverhältnis zum Leben sind. Zum mindesten waren sie es, als damals in den »Blumensälen« getanzt wurde. Ehrbare Tanten meinten, das bringe den ganzen Stadtteil in Verruf. Jedenfalls ging es bei Tanzvergnügungen in den »Blumensälen« anders zu als auf steifen Feuerwehrbällen.

Mit gelindem Staunen bemerkt man, wenn der Weg enger wird, eine Reihe von rissigen Gebäuden. Die Spitzhacke mag wohl schon über ihnen schweben. Zum mindesten passen sie mit ihrer Altersschwäche nicht in eine Straße, die doch ewig jung sein möchte. Dann will sie aber doch beweisen, daß sie mehr zu bieten hat als jene Sandsteinmonumente aus der Kaiserzeit. Man steht vor hübschen Fachwerkhäusern. In ihnen befindet sich noch immer die Apfelweinwirtschaft zur »Sonne«. Sie gibt sich Mühe, die Tradition lebendig zu halten. Freilich sind die Tage, da man im Wirtschaftsgarten unter zweihundertjährigen Kastanien saß, nicht mehr herzuzaubern. Die Gäste brachten es, nebenbei bemerkt, fertig, bei jedem Schluck an das Naturwunder zu denken.

Ohne daß man es richtig merkt, wird es ländlich. Ein unverfälschtes Bauernhaus steht mit der Front gegen die Straße. An einer Hauswand möchte man sich zu der nicht so fernen bäuerlichen Vergangenheit bekennen. Da hängt demonstrativ ein altes Geschirr für zwei Pferde. Ein paar Hochhäuser im Hintergrund wirken gar nicht so imposant. Verglichen mit der ebenso frappierenden wie rührenden Schau an der alten Wand.

Nach der Hausnummer 351 wird es eintönig. Von den Häusern aus späteren Epochen ist nichts mehr zu erwarten, was die Berger Straße auszeichnen würde. Man hat fast den Eindruck, sie geht ins Leere. Bornheim war einmal wegen seiner Originale bekannt. Ihre Zeit ist vorbei. Es mag ein Ersatz sein, daß man auch auf der Berger Straße manches Originelle antrifft. Da gibt es zum Beispiel eine Spitzweg-Apotheke. Der Maler, der mit Farben Romanzen schrieb, war ja selbst ein Rezeptemacher. Wie aber kommen Schinderhannes-Brotstuben auf die Berger Straße? An ihrem Eingang steht es. Der Inhaber stammt aus dem Hunsrück. Ein italienisches Spezialitätenrestaurant nennt sich »Dick und Doof«. Hier dürfte die Nationalitätenfrage in Unordnung geraten sein. Ein Beispiel für den deftig heimischen Humor sollte nicht fehlen. Ein Lokal heißt »Karl der Dicke«.

Es gibt Zeichen dafür, daß die Berger Straße zu Frankfurt gehört und nicht das Museum einer eigenwilligen Vorstadt ist. Daß es dort Boutiquen gibt, entspricht einem inzwischen ortsüblichen Bedürfnis. Ein Sex-Shop kann nicht fehlen, und Grills haben sich ebenfalls eingebürgert. »Petite Antik« als Namen für ein Lokal möchte man zumindest kapriziös nennen. Was aber sagen Tanzveteranen aus der Blumensälenzeit, wenn sie an einem Eckhaus »Dancing« lesen? Zum mindesten wird ihnen auch ohne einen Blick auf ihre Kennkarte klar, daß sie alt geworden sind.

Soviel sich auch in der Berger Straße geändert haben mag, an gewissen Tagen ist alles beim alten. Dann wird wieder der vertraute Geruch von den Obstkeltern durch die Gegend am oberen Ende ziehen. Selbst die ein wenig verwilderten Hinterhöfe erscheinen nun als liebenswerte Rumpelkammern. Die Leute bleiben noch lieber beieinander stehen, um sich auszuschwätzen, und sie wissen manches von ihrer Straße. Das große Geschäft da hat einmal klein angefangen. Der Großvater des heutigen Besitzers hat selbst die Knöpfe geklopft. Zum hundertsten Mal wird auch die Geschichte vom »Schmärrnche« aufgetischt. Schließlich lachte ganz Frankfurt darüber, wie die bekannte Apfelweinwirtschaft zu ihrem Namen kam. Den verdankte sie einem temperamentvollen Gaul. Der trat den Wirt ins Gesicht, daß eine Narbe, »bernemerisch« ein Schmärrnchen, zurückblieb.

Wo einstens man das Tanzbein schwang

Von der Zeil zum Main – die Lange Straße

In dem Frankfurter Jahrbuch von 1838 wird die Lange Straße als eine der schönsten in der Stadt bezeichnet. Sie müsse schleunigst gepflastert werden, heißt es dort. Heute macht die Lange Straße einen recht alltäglichen Eindruck. Wo sie an der Zeil beginnt, stand früher ein Postamt. Jetzt befindet sich da ein Teppichgeschäft. Die Perserbrücken hängen zur Ansicht bis auf den Straßenboden. Vorübergehende prüfen fachmännisch die Knüpfung. Seit dem Wirtschaftswunder kennen sich die Frankfurter mit Kirmans und Keschans aus. Daneben ist eine der in Frankfurt selten gewordenen Baulücken. Ein Zaun mit Plakat deckt die Leere ein wenig zu.

Hinter einem Drahtgitter sind Gebrauchtwagen wie zu einer Parade ausgerichtet. Ein paar Schritte weiter gibt es auch fabrikneue Autos. Eine frohe Botschaft für Junggesellen ist an einer Wand abzulesen. In fünf Minuten ist die Wäsche zum Anziehen fertig. An der Ecke der Allerheiligenstraße steht das Kolpinghaus. In einem Kasten hängen Bekanntmachungen der Malteser, es wird auch auf einen Ball zur Karnevalseröffnung hingewiesen. Wo die Allerheiligenstraße weitergeht, nennt sich ein Lokal »Palais d'amour«. Wenn das kein Versprechen ist! Ein anderes heißt »Sonne von Mexiko«, was nicht bedeutet, daß die dortigen Damen unbedingt über exotisches Temperament verfügen.

Beim Weitergehen in der Lange Straße wird man überrascht, mag man den Weg auch schon oft gemacht haben. Der Blick über eine Hecke nach dem Rechneigrabenweiher ist stets wieder verblüffend schön. Zartgrüne Zweige, und das im November, hängen bis ins Wasser hinunter. Der kampflustige Schwan, der nur mit den Kindern Freundschaft hielt, ist nicht mehr da. Dafür schaukelt eine Entenfamilie auf der vom Wind gekräuselten Wasserfläche.

Die moderne Häuserfront gegenüber zieht sich bis zum Main hin. Sie sieht aus, als hätte man Steinquadrate aneinandergereiht und übereinandergestellt. Am Ende der Häuserreihe ist der Brückenkeller. Auch er ist ein Beispiel dafür, daß sich Weintrinker im Schoß der Erde besonders wohl fühlen. Bei mildem Kerzenlicht kommen sie da auch ohne Drosselgassenstimmungsrummel in den Zustand der Spätleseseligkeit.

Das Hospital zum Heiligen Geist hat in vielen Frankfurter Familien Schicksal gespielt. Mit seinen antiquierten Formen und dem mattgrauen Anstrich wirkt es als Krankenhaus geradezu beruhigend. Die Wirkung geht auch von den Frauengestalten am Eingang aus, eine hat die Hände gefaltet. Das kleine Gärtchen mit den Herbstblumen an der Mauer ist wie ein ländliches Idyll. 1833 wurde mit dem heutigen Bau begonnen. Doch es gab schon vorher ein Spital. Dort brachten die Handwerker, die sich das ja leisten konnten, ihre kranken Gesellen unter. Schneider schienen allerdings nach Ansicht des Senats eine eiserne Gesundheit zu haben. Ihre Gesellen wurden laut Senatsbeschluß im Spital nicht zugelassen.

Die alten Frankfurter, denen eine joviale Lebensfreude nachgesagt wurde, besaßen auch die sol-

Blick in die Lange Straße

chen Frohnaturen eigene Menschenfreundlichkeit. Die armen Leute wurden im Spital von ihnen umsonst verpflegt, sonntags bekamen sie sogar Wein. Sie sollten auch gut schlafen können, allerdings nicht in luxuriösen Federbetten. Ein Gönner stiftete neun Schillinge im Jahr, die zum Ankauf von Stroh für die Kissen verwendet werden sollten.

Das Heiliggeistspital ging mit der Zeit. Als sensationeller Komfort wurde betrachtet, daß es 1854 bereits achtzehn Badewannen besaß, und es sollte mit der Modernisierung noch weitergehen. Ein Dampf- und Dusch-Bad wurde eingerichtet, sogar ein römisch-irisches. Schließlich installierte man auch noch Gasbeleuchtung.

Mancherlei Unruhe brachte die Nachbarschaft, die Allerheiligenstraße mit ihrem Tor. Dort kam es am 24. Oktober 1831 zu einem Aufruhr. Das hing mit den sogenannten »Herstdäg«, an denen die

125

Weinlese stattfand, zusammen. Die Frankfurter zogen da zu den Weinbergen vor den Toren. Die Tore waren an den Erntetagen länger geöffnet, so daß die Spätheimkehrer den sogenannten Sperrbatzen nicht zu bezahlen hatten. Nun lag aber in den dreißiger Jahren der Zündstoff des Aufruhrs in der Luft, und die Frankfurter feierten ihr Weinerntefest mit Raketen, Schwärmern, Fröschen, Feuerrädchen und sogar mit Schußwaffen. Um Zwischenfälle zu vermeiden, wurden die Tore wieder frühzeitig geschlossen. Das fanden die tausend angeheiterten Wingertbesucher, die vor dem Allerheiligentor standen, ausgesprochen unhöflich. Als sie um Zahlung gebeten wurden, gerieten sie in Wut. In dem Zustand sind auch die Frankfurter Frauen keine Engel, es gab eine Schlägerei, schließlich gingen die Flinten los. Zwei Soldaten wurden getötet.

Die Tragödie am Allerheiligentor hatte ein allerdings weniger trauriges Nachspiel. Der Bürgermeister verfügte wegen der allgemeinen Aufsässigkeit, daß jeder Bürger bei Dunkelheit eine Laterne bei sich haben müsse. Das gab den Frankfurtern Veranlassung zu einem Jux. Am nächsten Abend sah es auf der Zeil und auf anderen Straßen nach einem Massenaufgebot von Irrlichtern aus. Papierlämpchen, Stallaternen, die ältesten Funzeln wurden zur Illuminierung aufgeboten. Selbst Hunde schleppten Laternchen im Maul herum.

Am Abend des 16. Juni 1866 erlebten die Leute in der Lange Straße einen Schrecken, von dem sie sich so bald nicht erholen sollten. Durch das nahe Allerheiligentor rückten die Preußen ein, um mit der reichsstädtischen Herrlichkeit Frankfurts aufzuräumen. Der Senat hatte die Bürger aufgefordert, sie freundlich zu empfangen. Das erwies sich indessen als eine Zumutung, denn die Preußen erschienen mit den Fingern am gespannten Hahn ihrer Karabiner. Für die militärischer Gala abholden Bürger sahen sie auch wenig vertrauenerweckend aus, am wenigsten ihre Kürassiere mit ihren Eisenpanzern und den Helmen im Stil kleiner Festungen. Viele Leute in der Lange Straße hatten übrigens vorsorglich ihre Schmucksachen versteckt.

Die Lange Straße war einmal ein Tanzparadies. Das reicht bis in die Zeit zurück, da die Mädchen noch mit Herzklopfen zu ihrem ersten Tanzvergnügen gingen. Später ging es in Gräfs Garten in der Lange Straße weniger konventionell zu. Man kam sich beim Rheinländer erheblich näher, vom Walzer ganz zu schweigen. Die Française, bei der die Herren wie die Kavaliere des Sonnenkönigs herumstelzten, kam aus der Mode. Außerdem trat ein neuer Typ »Tanzmäuschen« auf den Plan. Statt der romantischen »höheren Tochter« war das Ladenmädel von der Zeil und der Goethestraße gefragt.

In der »Liederhalle« und im ersten Stock eines Bierrestaurants ging es noch ungezwungener zu. Die Schlager, zu denen getanzt wurde, sang man im Chor mit. Jeder Mann wollte der beste Tänzer im Saal sein. Den versierten Tangolöwen wurde von den Mädchen das Tanzbändchen bezahlt, das die Männer eine Mark kostete. Dafür mußten sie sich allerdings redlich plagen. Ihre engen Lackschuhe brannten oft wie Feuer, der hohe gestärkte Stehkragen wurde zur Tortur.

Man mokierte sich in Frankfurt auch über Tanzreunions besonderer Art, die in der Lange Straße stattfanden. Dort erschienen Damen in Hosen, und Männer schwebten in Frauenkleidern herum. Das hatte etwas mit Veranlagung zu tun. Daher sprach man mitunter vom »Ball verkehrt«. Wer heute in Frankfurt nach irgendwelchen Sensationen sucht, findet sie am allerwenigsten in der unauffälligen und korrekten Lange Straße.

Der Löwenbrunnen

Frankfurt war eine Stadt der Brunnen

Frankfurt war einmal die Stadt der schönen Brunnen. Auf ihren Steinstöcken und Säulen trugen manche von ihnen kunstvolle Figuren. Nicht alle wirkten allerdings so monumental wie der Spring-brunnen auf dem Liebfrauenberg. Oder gingen in die Geschichte ein wie der Gerechtigkeitsbrunnen vor dem Römer, der das allerdings in erster Linie seiner Freigebigkeit an den Tagen der Kaiserkrönung verdankte. Da lieferte er bekanntlich den Frankfurtern Wein umsonst. Manche der Frankfurter Brun-nen hatten klangvolle Namen. So der Rosenbrunnen, der Hochzeitsbrunnen, der Glockenbrunnen, der Mägdeleinbrunnen und der Weiße-Lilien-Brunnen. Diese im Grunde volkstümlichen Namen paßten gut auf die Brunnen, die manchen Plätzchen und Eckchen in der Altstadt noch mehr Gemütlichkeit gaben. Weitaus die meisten Brunnen sind verschwunden. Die wenigen, die übriggeblieben sind, entdek-ken wir gelegentlich mitten im lauten Verkehr, wo wir sie am wenigsten vermuten. So auch den Löwen-

Der Löwenbrunnen in der Fahrgasse

127

brunnen in der Fahrgasse. Eigentlich hieß er der Brunnen auf dem goldenen Löwenplätzchen. Dieser winzige Platz wirkte einmal durch seine Beschaulichkeit besonders reizvoll, selbst in der an malerischen Winkeln so reichen Altstadt. Er hieß in der Frühzeit »Auf dem Grabhorn«. Der Name rührte offenbar von einem in der Nähe gelegenen Stadtgraben her. 1598 verschwand der alte Brunnen. Mit ihm geriet auch der erste Name für den Platz in Vergessenheit. Doch noch im gleichen Jahr stellte man einen neuen Brunnen hin. Er war aufwendiger als sein Vorgänger. Obenauf thronten zwei Löwen in aufrechter Haltung. Aber auch dieser Brunnen zierte das idyllische Plätzchen nicht lang. Sein Gestell wurde entfernt. An die Stelle setzte man eine Vierkantsäule aus rotem Sandstein. Sie war reichlich verziert und wiederum von einem Löwen gekrönt. Diesmal war es nur einer, doch er unterstrich seine Würde als Wüstenkönig durch ein Wappen, das er in den Pranken hielt. So präsentiert er sich auch heute noch.

Die Stadt war seinerzeit in Quartiere eingeteilt. Der Löwenbrunnen gehörte zum ersten Quartier, und seine Bürger waren stolz auf ihren geschmackvollen Brunnen. Allein die Frankfurter waren von jeher praktisch denkende Leute. Sie fragten daher, wie es mit dem Wasser des schmucken Brunnens bestellt sei. Dabei fanden sie heraus, es sei das schlechteste in der ganzen Stadt, nämlich das schwerste. Das hatten sie peinlich genau am Gewicht der fremden Teile im Wasser festgestellt. Die Bürger wurden sogar davor gewarnt, ständig von dem Wasser zu trinken. In späteren Jahren änderte sich das. Die Enkel halten ja nie viel von den Bedenken ihrer Großväter.

Heute steht noch auf dem zierlich gezeichneten Brunnen in der Fahrgasse, daß er 1781 aufgestellt worden ist. Auch die Namen des Schultheißen und der Brunnenmeister, die dabei mitgeholfen haben, sind auf dem roten Stein zu lesen. Wer die Augen offenhält, entdeckt auch rundum noch ein paar Zeugen aus vergangenen Tagen. Das Haus hinter dem Brunnen trägt noch die Inschrift »Zum goldenen Löwen«. Ein Relief des Wüstenkönigs schmückt seine Fassade. Ebenso verschlungene Ornamente. Letzte Erinnerungen an ein Schmuckkästchen in der Altstadt!

Das Dominikanerkloster

Ein Prior wollte Hochzeit machen

Das erste Dominikanerkloster wurde bereits 1238 gebaut. 1694 entschloß man sich zu einem Neubau. Doch dieser Neubau machte allerhand Sorgen. Und so sparte man nach bewährter Manier nicht mit Ablässen, die bezahlt werden mußten. Mit diesen Kosten wurde das Haus – zumindest teilweise – finanziert.

Überhaupt scheinen die ersten Mönche dieses Klosters nicht eben im Überfluß gelebt zu haben. So ließen sie sich von König Richard ein Privileg verleihen, das es ihnen erlaubte, sich aus dem Dreieichforst, dem heutigen Stadtwald, Brennholz holen zu dürfen . . .

Das Kloster hat recht bewegte Schicksale. Ausgesprochen trübsinnig ist es um das Jahr 1737 herum hinter seinen Mauern nicht zugegangen, wie eine Anordnung des Rats der Stadt beweist. Sie verbot dem Kloster, Wein auszuschenken. Offenbar hatten seine Insassen das edle Getränk nicht eben verschmäht.

Im Jahre 1777 stürzte in der Klosterkirche ein Pfeiler ein und mit ihm ein Teil des Gewölbes. Vorübergehend wurde das Kloster eine weltliche Schule, und dann kamen Zeiten, die dem ehrwürdigen Bau wenig zur Ehre gereichten. Ein Warenlager wurde darin untergebracht, später machte man eine Kaserne aus ihm, und schließlich diente es gar als Anstalt für Sträflinge. Endlich benutzte es die Stadt dann für andere Zwecke.

Im Dominikanerkloster sind berühmte Künstler tätig gewesen. Hans Holbein der Ältere schuf dort fünf Gemälde. Sie hingen ursprünglich in der Kirche, später kamen sie in andere Hände. Ein Frankfurter Patrizier stiftete der Kirche ein Altarbild von Albrecht Dürer. Matthias Grünewald hatte Teile seiner feststehenden Flügel gemalt.

Im Kloster ist manches geschehen, dem man mit menschlichem Verständnis begegnen sollte. Anlaß dazu gab der Prior Martin Gellern, der dem Kloster 1560 vorstand. Er war nicht gerade mit Bildung gesegnet, und so waren seine Predigten kein Ohrenschmaus. Das wäre noch kein Unglück gewesen, allein der Prior gab auch sonst Grund zum Ärgernis. Er unterhielt ein vertrautes Verhältnis mit einer Priorin des gleichen Ordens. Er machte sogar Anstalten, in den Hallen des Klosters mit ihr Hochzeit zu feiern, zumal der protestantische Rat der Stadt nichts dagegen einzuwenden hatte.

Inzwischen war aber die Kunde von der seltsamen Romanze »nach oben« gedrungen. Daraufhin wurde der Provinzial des Dominikanerordens, Bruder Wilhelm Brandt, nach Frankfurt in Marsch gesetzt, um nach dem Rechten zu sehen. Der streitbare Prior gab allerdings nicht so leicht auf. Er trieb sogar allerhand Schabernack mit seinem Ordensbruder Brandt. Der verstand allerdings keinen Spaß. Er setzte den Prior kurzerhand auf die Straße, nachdem er ihn vorher in den Keller eingesperrt hatte.

Nun blieb dem widerspenstigen Gottesmann nichts übrig, als zum lutherischen Glauben überzutreten. Auf diese Weise konnte er die Dame heiraten, derentwegen das Kloster soviel Aufregung erlebt hatte. Ein neuer Prior zog ein. Der führte wiederum ein zu strenges Regiment. Ein junger Mönch, der sich diesem Zwang nicht fügen wollte, entfloh aus dem Kloster. Er wurde wieder eingefangen und sollte hart bestraft werden. Das Volk auf den Straßen erfuhr davon und drang in das Kloster ein. Die erregte Menge brachte es fertig, daß der Mönch aus der Gewalt des Klosters befreit wurde.

Im Jahre 1876 sollte die Ordenskirche abgerissen werden. Aber die königliche Regierung in Wiesbaden widersetzte sich diesem Vorhaben. Schließlich war die Ordenskirche nach dem Dom das wertvollste Bauwerk der Stadt.

Das Dominikanerkloster

Vorn getrommelt und hinne kei Soldate

Aus der Geschichte der Fahrgasse

Die Geschichte soll sich in der Fahrgasse abgespielt haben, und alle Umstände sprechen auch dafür. Dort war nämlich schon immer eine Kneipe neben der anderen. Und Wirtschaften kommt bei unseren Histörchen heute eine große Rolle zu. Es geht, was man von älteren Frankfurtern heute noch hören kann, um die Redensart »vorn getrommelt und hinne kei Soldate«. Sie bedeutet, daß von einer Sache manchmal viel Aufhebens gemacht wird, bis sich dann herausstellt, daß nicht viel dran ist. Ein Beispiel hierfür lieferte eben jener Vorfall in der Fahrgasse. Ein Offizier der Frankfurter Stadtsoldaten hatte dort eine Braut. Der wollte er imponieren, indem er mit seiner Truppe in stolzer Haltung an ihrem Haus vorübermarschierte, er natürlich an der Spitze. Die Tamboure hinter ihm schlugen auf die Trommel, als sei eine ganze Division im Anmarsch. Dabei folgte den Trommlern nicht ein einziger Mann. Die braven Soldaten hatten den Verlockungen durch die Kneipen auf beiden Seiten der Fahrgasse nicht widerstehen können. Sie waren geräuschlos in den Lokalen verschwunden.

Die Fahrgasse war in früher Zeit die verkehrsreichste Straße der Stadt. Es muß malerisch ausgesehen haben, als noch die dicken Planwagen und die Postkutschen mit den vier Pferden davor durch die enge Durchfahrt nach der alten Brücke rollten. Außerdem war die Straße selbst mit ihren zusammengewachsenen Häuserblocks, deren vorgeneigten Fassaden, spitzen Giebeln und gotischen Winkeln von dekorativer Schönheit. Alt-Frankfurter schwärmen heute noch davon, wie die Fahrgasse aussah, wenn Schnee gefallen war. Als hätte man sie in einem zu romantischen Bilderbuch entdeckt. Sie bot auch Überraschungen. Wenn man beispielsweise bei dem Haus mit der Nummer 36 einbog, stand man unvermittelt vor einem Idyll.

In der Fahrgasse befand sich auch das Bankhaus Rothschild. Alle Leute kannten den Besitzer im blauen Frack mit den goldenen Knöpfen und dem unentbehrlichen Zylinder. Glatt ging es nie ab, wenn sein Leibjäger, der grüne Federbüsche am Hut hatte, auf ihn wartete. Bevor Mayer Amschel Rothschild zu seinem Wagen kam, wurde er von »Schnorrern« abgefangen. Er gab viel und reichlich. Doch eines Tages riß ihm die Geduld. Ein Bittsteller schilderte Rothschild seine Notlage in einem so larmoyanten Ton, daß dieser in seiner Bedrängnis seinem Sekretär zurief: »Bringen Sie ihn fort, er zerbricht mir das Herz«.

Es gab natürlich eine Menge Geschäfte in einer Straße, durch die ein sehr reger Verkehr flutete. Daher fehlte es auch nicht an originellen Ladenschildern. Kopfschütteln mußte es erregen, daß ein Hutladenbesitzer über seinem Eingang einen riesigen Diplomatendreispitz angebracht hatte. An Kundschaft hierfür dürfte es in der Fahrgasse gefehlt haben. Ein besonders treuer Kunde der Gasse kam regelmäßig auf vier Beinen. Er machte seine Einkäufe mit größter Akkuratesse, Körbchen und Bestellzettel hatte er dabei. Es war der Pudel von Arthur Schopenhauer. Sein Herr wohnte gleich um die Ecke, in der Schönen Aussicht.

Bemerkenswerte Persönlichkeiten wohnten in der Fahrgasse. Zu ihnen gehörte auch Johann Konrad Friederich. Er wurde am 14. Juli 1789 im Haus zum Goldenen Schiff geboren. Friederich wird gelegentlich als der Casanova der Fahrgasse bezeichnet, wozu er auch reichlich Anlaß gab. Wenn man seinen Erinnerungen halbwegs Glauben schenken darf, waren die Filmherzensbrecher Hollywoods im Vergleich mit ihm die reinsten Waisenkinder.

Auch der Irrenarzt Heinrich Hoffmann war einmal in der Fahrgasse zu Hause. Es gab wohl keinen besseren Platz als diese Gasse mit dem »echten« Frankfurter Leben, um die Unarten von Kindern zu studieren. In der Lebenswahrheit, die bei diesen Beobachtungen von Hoffmann herauskam, liegt das Geheimnis vom weltweiten Erfolg seines Struwwelpeter.

Besonders reich war die Fahrgasse an renommierten Gasthöfen. Der »König von England« galt einmal als das beste Haus der Stadt. Noch bis zur Zerstörung der Altstadt stand das Hotel mit zeitfremder Würde in der Fahrgasse. Die behäbige Figur an seiner Front sah aus, wie man sich einen König in einem Märchen von Hans Christian Andersen vorstellen muß.

Zu den berühmten Gasthöfen der Straße gehörte auch der Württemberger Hof. Ursprünglich hieß er »Zum Goldenen Löwen«. Er lag nämlich am Goldenen Löwenplätzchen, wo auch der Brunnen gleichen Namens stand. Der ist jetzt an der Ecke der Fahrgasse und der Braubachstraße zu finden. Die schlechtesten Erinnerungen an den Goldenen Löwen dürfte wohl François Marie Arouet de Voltaire gehabt haben. Was ihm in der Fahrgasse widerfuhr, könnte eine erheiternde Komödie genannt werden, wenn die betreffenden Dialoge nicht so bissig gewesen wären. Voltaire hatte bei seinem Abschied in Potsdam Briefe und Gedichte seines Freundes Friedrich mitgenommen. Der Verlust war dem Preußenkönig äußerst peinlich. In seinen œuvres de poésie hatte sich Friedrich nämlich über seine Kollegen auf den Thronen Europas in boshafter Weise lustig gemacht. Natürlich wollte der König der heiklen Dokumente habhaft werden, bevor sie veröffentlicht wurden. Auf seine Veranlassung wurde Voltaire in seinem Frankfurter Logis festgehalten. Zunächst versuchte man, ihn mit Hausarrest zur Raison zu bringen. Doch der Franzose blieb stur. Nun wurde er vorübergehend in ein recht finsteres Quartier gebracht. Daraufhin belegte er seine Frankfurter »Kerkermeister« mit Ausdrücken, daß man an der vielgerühmten Höflichkeit der französischen Sprache zweifeln mußte. Zur Hilfe des Dichters eilte aus Straßburg seine Nichte Madame Denis herbei. Sie war Witwe, und so hätte die Vermutung aufkommen können, daß sie ihrem Onkel durch besonders liebevolle Betreuung das bittere Los des Eingesperrtseins erleichtern wollte. Das ist indessen wenig wahrscheinlich. Der hochbetagte Voltaire war durch seine Aufregungen in einen Zustand geraten, daß liebevolle Tröstungen bei ihm den Zweck verfehlt hätten. Schließlich ging das Drama in der Fahrgasse noch relativ gut aus. Friedrich bekam seine Gedichte und Voltaire seine Freiheit.

Im Württemberger Hof brach der Krieg von 1866 schon vorzeitig aus. Dort verkehrten die preußischen und österreichischen Offiziere, die zur Streitmacht vom Deutschen Bund gehörten. Sie saßen streng getrennt an verschiedenen Tischen. Die Blicke, die sie einander zuwarfen, waren Illustrationen der gern beschworenen deutschen Einheit. Die Österreicher, die im Deutschordenshaus im Quartier lagen, hatten in Sachsenhausen viele Sympathien, allerdings nicht bei jedem Ehemann und Bräutigam. Mit ihrem Küß-die-Hand-Charme sorgten sie für Unruhe unter den Sachsenhäuserinnen. Nach dem letzten Krieg leisteten sich die Vertreter der Stadt etwas, was die Streiche der

In der Fahrgasse

Schildbürger als Geistesblitze erscheinen läßt. Sie wollten aus der Straße, die im Verein mit der alten Brücke den Norden und Süden des ersten Reichs verband, eine Sackgasse machen. Der Widerstand der Bevölkerung verhinderte diese historische Missetat.

In den Bombennächten ist die Fahrgasse um ihre eigentümliche Schönheit gekommen. Unerwartet bekam sie ein Geschenk. Es wuchs aus dem Boden: in der Nähe der Töngesgasse wurden Reste der Stadtbefestigung aus dem zwölften Jahrhundert entdeckt, die Staufenmauer.

133

Von der Schönen Aussicht ist nicht mehr viel zu rühmen

Mendelssohn-Bartholdy war einst entzückt davon / Schopenhauer wohnte hier

An dem Fischerfeld hatten die Frankfurter in früheren Zeiten nicht viel Freude. Es lag recht tief am Mainufer und wurde daher immer wieder von Überschwemmungen heimgesucht. Wenn in den Sommermonaten das Mainwasser zurückging, lockte es die Frankfurter auch nicht dorthin. Dann bildeten sich in der Gegend schmutzige Tümpel, und es gab Millionen Schnaken. Von denen glaubten die Leute, sie würden das Fleckfieber verbreiten, ein Grund mehr, das Fischerfeld zu meiden. An Frosttagen strömten die Frankfurter allerdings dorthin. Sie fanden weite Eisflächen vor. Viele schnallten schon an der Alten Brücke die Schlittschuhe an, weil sie es nicht abwarten konnten, auf das Eis zu kommen. Es gab manche, die fuhren auf Schlittschuhen bis nach Rumpenheim oder gar nach Hanau, eine beträchtliche Höchstleistung in einer sportfremden Zeit.

Immerhin waren die Wiesen am oberen Main zeitweilig trocken, und das ließen sich die Frankfurter nicht entgehen. Die Armbrustschützen und Bogenschützen hielten dort rauschende Feste ab. Daß dabei mit Kugeln und Bolzen auf Scheiben geschossen wurde, versteht sich von selbst. Verwunderlich dürfte es allerdings sein, daß man von der Alten Brücke aus mit Kanonen auf die Scheiben

Blick auf die Schöne Aussicht

feuerte. Ein Schuß, der weit daneben ging, wird nicht gerade zur Beruhigung auf dem Festplatz beigetragen haben. Meisterschützen konnten einen ganzen Ochsen und Embleme aus Gold oder Silber gewinnen.

Ein neuer Lebensstil

Natürlich waren an den Tagen auch Zelte und Stände aufgeschlagen, an denen echte Volksstimmung herrschte. Da konnten auch die leichten Mädchen nicht fehlen. Sie lagerten, und das auch an Messetagen, auf den Wiesen, weit entfernt von dem gehobenen Geschäftsgebaren ihrer heutigen Kolleginnen. Bis 1818 hatte es auf dem Fischerfeld weder Straßen noch Häuser gegeben. Inzwischen zerbrach man sich bei den Stadtvätern die Köpfe, wie man dieser leidigen Wüste beikommen könne. Zunächst mußte natürlich der Ufersaum trockengelegt und aufgeschüttet werden. Gleichzeitig entwarf der Stadtbaumeister Johann Friedrich Hess Pläne, was mit dem so gewonnenen Terrain geschehen sollte. Vier Langstraßen und drei Querstraßen sah er vor. Dabei kamen Gedanken auf, die den biederen Zeitgenossen geradezu abenteuerlich erscheinen mußten. Die Altstadt war ihnen doch gerade wegen der überhängenden Giebel in ihren Gassen so sehr ans Herz gewachsen. In dem neuen Viertel sollte es indes keine Fachwerkhäuser mehr geben. Auch von dem malerischen Durcheinander im Stadtkern wollten die Planer nichts wissen.

Die Uferstraße im neuen Stil bekam den Namen »Schöne Aussicht«. Den verdiente sie auch nach der Ansicht von Mendelssohn-Bartholdy, dem es der Blick von da über den Main angetan hatte. Auch die Großmutter von Rudolf G. Binding, die in der Schönen Aussicht ein Eckhaus bewohnte, war von der Bellevue entzückt. Nicht nur ein neuer Baustil entwickelte sich an der Schönen Aussicht, auch ein neuer Lebensstil. Dort entstanden reihenweise Herrschaftshäuser, wie die Frankfurter prächtige Bürgerhäuser mit Respekt zu bezeichnen pflegten. Sie verfügten nach der Straße hin über eine ansehnliche Zimmerflucht, bei der ein zartgetönter Salon, der Stolz der Hausfrau, nicht fehlen durfte. Die Zimmertüren waren übertapeziert, wie man das ausdrückte. Porzellanöfen beförderten den lästigen Rauch direkt über das Dach. Die Fenster hatten grüne Klappläden. Hinter den Häusern befanden sich Remisen und Ställe. Besonderes Gewicht legte man auf Hintertreppen für Lieferanten.

Im Jahre 1804 erwarb der steinreiche Bankier Zacharias Wertheimber an der Schönen Aussicht eine Parzelle und stellte ein prachtvolles Haus dorthin. Es zeichnete sich durch einen imposanten Portikus mit drei Bogen aus. Wie alle Uferhäuser verfügte es über mächtige Keller.

Die weiträumigen Gewölbe veranlaßten bekannte Frankfurter Weinhandlungen, sich an der Schönen Aussicht zu etablieren. Allein es roch auch in Privathäusern oft genug nach edlen Kreszenzen.

Das Haus Wertheimber sollte im Laufe der Jahre bemerkenswerte Bewohner bekommen. 1866 war im ersten Stock der Kommandierende General der österreichischen Garnison untergebracht. Ein ständiger Posten vor dem Eingang verlieh dem Bürgerhaus ein ungewohntes Ansehen. Tycho Mommsen, der Bruder des berühmten Geschichtsforschers, wurde im Jahr 1867 dort ansässig. Nicht selten war das Haus Treffpunkt einer Elite mit geistigen und künstlerischen Interessen. Der berühmteste Mieter im Wertheimber-Haus war Arthur Schopenhauer. Von 1843 bis 1859 wohnte er in Nummer 17. Während der ganzen Zeit hat er sich nie um das Bürgerrecht bemüht. Vielleicht hat ihn das bei den Frankfurtern, die ja erst Besitzer dieses Rechts als vollwertige Mitglieder der menschlichen Gesellschaft betrachteten, ein wenig entfremdet.

Wo Schopenhauer wohnte

Mit den Frankfurter Frauen hatte Schopenhauer es sowieso verdorben. Er galt als Feind des weiblichen Geschlechts, dem er vor allem Kurzbeinigkeit vorwarf, was indes noch kein Beweis für generelle Frauenfeindschaft zu sein scheint, sondern mehr eine Frage des persönlichen Geschmacks. Auch mit den Revolutionären von Anno 1848 hatte er es total verschüttet, nachdem er sie Kanaillen genannt hatte. Dagegen steht er bei den Frankfurter Tierfreunden in liebevollem Andenken. Das verdankt er seinem herzlichen Verhältnis zu seinem braunen Pudel Butz. Ihm vermachte er auch testamentarisch die stattliche Summe von dreihundert Gulden. Der Weihnachtsbaum für Butz war mit Würstchen stets reichlich dekoriert. Wenn Butz sich schlecht benommen hatte, mußte er sich einen vernichtenden Tadel gefallen lassen, er wurde von seinem Herrn als Mensch bezeichnet. Vorher hatte Schopenhauer einen weißen Pudel. Der war nicht so sauber, daß Schopenhauer mit ihm auf einer Hundeausstellung Ehre eingelegt hätte. Ein Mitbewohner fand das Tier deshalb ekelhaft. Das veranlaßte Schopenhauer zu der Behauptung, die Menschen seien mit ihrer Falschheit und Heimtücke noch um ein gerüttelt Maß ekelhafter; beunruhigende Worte aus dem Mund eines großen Philosophen. Später zog Schopenhauer in das Haus Nummer 16, wo er ein Jahr später starb.

In der Schönen Aussicht erinnert keine Mauer, geschweige denn ein Haus an die Vergangenheit. Nichts läßt vermuten, welch eine unaufdringliche und vielleicht deshalb so reizvolle Exklusivität da einmal herrschte. Eine Wand mit schreienden Plakaten paßt eher in die Straßenfront, als Abwechslung hineinzubringen. Wie schlecht plazierte Fahnenstangen wirken die an die ausdruckslosen Häuser gelehnten Straßenbeleuchtungskörper. Es ist wie ein unfreiwilliger Scherz, daß sich in der Nummer 16, die einmal Schopenhauers Sterbehaus war, eine Industrie Planing Gesellschaft befindet. An der Ecke, unter dem gleichen Dach, lesen wir »Bella Napoli«, immerhin eine gutgewählte Empfehlung für schmackhafte Pizzas.

Eine Insel als Idyll

Von der schönen Aussicht, die einmal der Uferstraße den Namen gab, ist nicht mehr allzuviel zu rühmen. Der Blick aus den Häusern fällt zunächst auf Bäume und Autos, die in langweiliger Ordnung vor dem Wasser stehen. Am Prospekt auf dem Sachsenhäuser Ufer fällt höchstens das Deutschherrnhaus mit seinem Kirchturm auf. Vielleicht darf die kleine Maininsel im Sommer als Idyll gelten. Die Alte Brücke hat jedoch mit ihrem Mittelstück, das wie eine schluderige Reparatur wirkt, viel an Anziehungskraft für die Augen verloren. Bleibt noch als Bereicherung der Himmelslinie im Hintergrund der Henninger-Turm. Mit seinem Karussell-Restaurant gleicht er allerdings mehr einem gastronomischen Wunder als einem Bauwerk.

In der Nachbarschaft der Schönen Aussicht befindet sich ein alles in allem genormtes Wohnviertel. Nicht ohne Überraschung steht man daher in der Schützenstraße vor einer Tür, auf der höchst unbürgerliche aggressive Parolen zu lesen sind. Man fragt sich, wie ein Kellertheater mit dem in der deutschen Kleinkunst klassisch gewordenen Namen »Katakombe« in diese ein wenig abgelegene Gegend kommt. Sein Entree, mit bizarren Darstellungen überhäuft, läßt keinen Zweifel daran, daß unser Planet in dem Musenkeller nicht als die beste aller Welten dargestellt wird. Anders sieht es am Eingang zum Brückenkeller aus. An seiner Fassade deutet eine Parade traulicher Laternen darauf hin, wie sehr allabendlich in seinen Gewölben Bekenntnisse zur heilen Welt abgelegt werden.

Der Obelisk in der Fischerfeldstraße steht noch. Sonst ist nichts von dem ehedem so merkwürdigen Viertel stehengeblieben, dessen Häuser an manchen Stunden des Tages von einer gespenstigen Leblosigkeit waren. Weniger begüterte Juden wohnten da, so daß das frühere Straßenbild in bedrückender Erinnerung weiterlebt.

Portikus der Alten Stadtbibliothek

Auf der Alten Brücke

Der Brickegickel – von den Frankfurtern stets geliebt

Wie viele, die beim Äppelwein waren und dann über die Alte Brücke wandern, haben ihre Freude am Brickegickel. So nennen die Frankfurter liebevoll den Hahn, ohne den sie sich die Brücke nicht denken könnten. Es hat in seiner langen Geschichte so manche Aufregung mit ihm gegeben. An einem kalten Januartag 1636 versammelte sich der Rat der Stadt auf der Alten Brücke. Ein goldener Hahn wurde von Schlossermeistern auf das Geländer gesetzt. Leider gingen die Glückwünsche, die ihm mit feierlichen Reden zugedacht wurden, nicht in Erfüllung. 1739 stürzte ein Brückenbogen samt ihm ein, und der bedauernswerte Vogel versank in den Fluten.

Seinen beiden Vorgängern war ähnliches Unheil widerfahren. 1434 war der erste Brückenhahn bereits von seiner luftigen Höhe in den Main heruntergeweht worden. Niemand durfte hoffen, auch nur noch eine Spur von ihm zu entdecken. Da machten Sachsenhäuser Fischer einen einzigartigen Fang. Zu ihrem maßlosen Erstaunen zogen sie den windverwehten Hahn aus dem Wasser, und der auf so wundersame Art Geborgene wurde wieder auf die Brücke gestellt. Aber er sollte sich seiner Rettung nicht für immer freuen. Während des Dreißigjährigen Kriegs scheuchten ihn schwedische Kugeln aus seiner Ruhe auf. Durch eine wurde er regelrecht von seinem Stammplatz heruntergeschossen. Aber bald zierte ein neuer Hahn die Brücke, und es mußten sich wieder Naturgewalten auftun, um ihn zur Strecke zu bringen. Das geschah, wie schon erwähnt, 1739, als ein Brückenbogen mit schaurigem Getöse einstürzte.

Die Prüfungen für den Brickegickel hörten nicht auf. Er mußte auch noch erleben, daß ihm sozusagen das Dach über dem Kopf abgerissen wurde. Als man sich entschloß, die Alte Brücke abzubrechen, was damals in Frankfurt eine Art Landestrauer auslöste. Aber mit der neuen Brücke war auch der Hahn wieder da. Da brach der Krieg aus, der Frankfurt in ein Trümmerfeld verwandelte. Auch der Hahn kam nicht ungerupft davon. Mit seinen Blessuren fand er dann ein Quartier im Historischen Museum.

Der Hahn gehört nun mal auf die Brücke! Das ging wie ein Schlachtruf unter den alten Frankfurtern um. Sie ruhten nicht, bis Nummer 5 auf der Brücke stand. Im Februar 1967 wurde der neue Gockel feierlich inthronisiert. Bei Wind und Nieselregen. Aber an Unbill der Witterung sind die Brickegickel ja gewöhnt. 18 000 Mark kostete das neue Kunstwerk. Für den dritten Hahn hatte der Kupferschmied 14 Taler und der Vergolder sieben Taler bekommen.

Nicht genug, daß zahllose Geschichten von dem Brickegickel berichtet wurden, auch die Sage mußte herhalten. So wird erzählt, daß der Baumeister der Brücke dem Teufel ein Versprechen gab, wenn der Bau rechtzeitig fertig würde. Das erste Lebewesen, das über die Brücke ging, sollte dem Teufel gehören. Man kann sich vorstellen, daß dem Baumeister wie auch den Ratsherren die Knie schlotterten, als der Tag der Einweihung heranrückte. Aber sie fanden einen Ausweg, der eher vom Teufel selbst hätte stammen können. Sie trieben als erstes Lebewesen einen Hahn über die Brücke, den der Teufel aus Wut über den Betrug zerriß.

Der Brickegickel

Ein Kuriosum soll nicht unerwähnt bleiben. Die beiden Mühlen auf der früheren Brücke lagen weder auf dem einen noch auf dem anderen Ufer. Daher wurden Leute, die dort geboren waren, scherzhafterweise »Gickels-Bürger« genannt. Sie waren ja nicht Frankfurter und auch nicht Sachsenhäuser.

Zu anderen Ufern

Die Straße von der Alten Brücke

Sie war einmal die wichtigste und belebteste Straße von ganz Sachsenhausen. Um diesen Ruhm ist die Brückenstraße allerdings im Wandel der Zeit gebracht worden. Imposant wirkt weiterhin ihr weithin sichtbarer Eckpfeiler, das Deutschherrenhaus. Im Krieg ist es ausgebrannt. Nach dem Neuaufbau sieht es so aus, daß man sich nur schwer vorstellen kann, wie Kaiser Ludwig da auf einem vergoldeten Thron saß und deutsche Adelsherren mit dem schwarzen Kreuz auf dem weißen Mantel aus seinen Türen kamen.

Napoleon, der sich bei passenden Gelegenheiten als Sohn der Revolution fühlte, löste die ritterliche Kommende Sachsenhausen auf. 1796 hatte ihr auch der französische Marschall Augereau übel mitgespielt. Er fand an der Himmelfahrt von dem Venezianer Battista Piazetta so viel Gefallen, daß er das Gemälde kurzerhand mitgehen ließ. Das Deutschordenshaus war ja mit der Deutschordenskirche, die einmal Marienkirche hieß, verbunden. Ihr Neubau stammt aus der zweiten Hälfte des dreizehnten Jahrhunderts. Sie besaß bedeutende Werke unbekannter Meister, vielleicht macht es auf Menschen des absoluten Industriezeitalters auch Eindruck, daß sie einen Bruderschaftsaltar der Sachsenhäuser Schuhmacher beherbergte.

Ausgerechnet Frankfurter Künstler richteten im Ordenshaus fast noch mehr Unheil an als die bösen Franzosen. Die dort einquartierten Maler gingen mit den Bildhauerarbeiten, Engeln, Vasen, Ornamenten, Putten an den Kaminen wenig sanft um. Im Rittersaal hatte der nicht gerade zartbesaitete Fritz Böhle sein Atelier eingerichtet. Der Qualm aus seinem Kanonenöfchen verfinsterte die reizvollen Deckengemälde. Das Gebäude hatte auch als Lazarett und Kaserne gedient. Man kann sich ausmalen, daß es den Parkettböden schlecht bekam, wenn schwere Sergeantenstiefel darüber hinwegpolterten. Es war auch der Schönheit der Prunktreppen nicht zuträglich, daß die Carolusdruckerei als Untermieterin ihre Papierballen über sie schleppen ließ.

Das Deutschherrenhaus wurde seine diversen Quälgeister los; man nahm sich seiner an, als es bereits in einen desolaten Zustand geraten war. Ein vorbildlicher Kindergarten zog dort ein, im Dachgeschoß wurde ein Altersheim eingerichtet. Schließlich scheint es, daß die Kunst wiedergutmachen will, was einzelne ihrer Jünger angerichtet haben. Im Deutschherrenhaus hat sich das Amt für Wissenschaft, Kunst und Volksbildung Brückenstraße niedergelassen. In der Kommunalen Galerie werden Kunstausstellungen gezeigt.

In der Nachbarschaft des Deutschherrenhauses hat sich alles gründlich geändert. Wo einmal malerische Häusergruppen standen, kann man heute eher von einer Drehscheibe für Autos reden. Dann aber findet die Straße zu sich selbst und ihrer Ruhe zurück. Um die schmaler gewordene Fahrbahn stehen reihenweise Häuser aus der Kaiserzeit. Ob die Sachsenhäuser bei ihrem Entstehen der Ehrgeiz stach, hinter denen auf der anderen Mainseite nicht zurückzustehen? Die protzten doch mit ihrem neuen dekorativen Stil an ihren Häusern. Alles in allem zeigt die Brückenstraße das un-

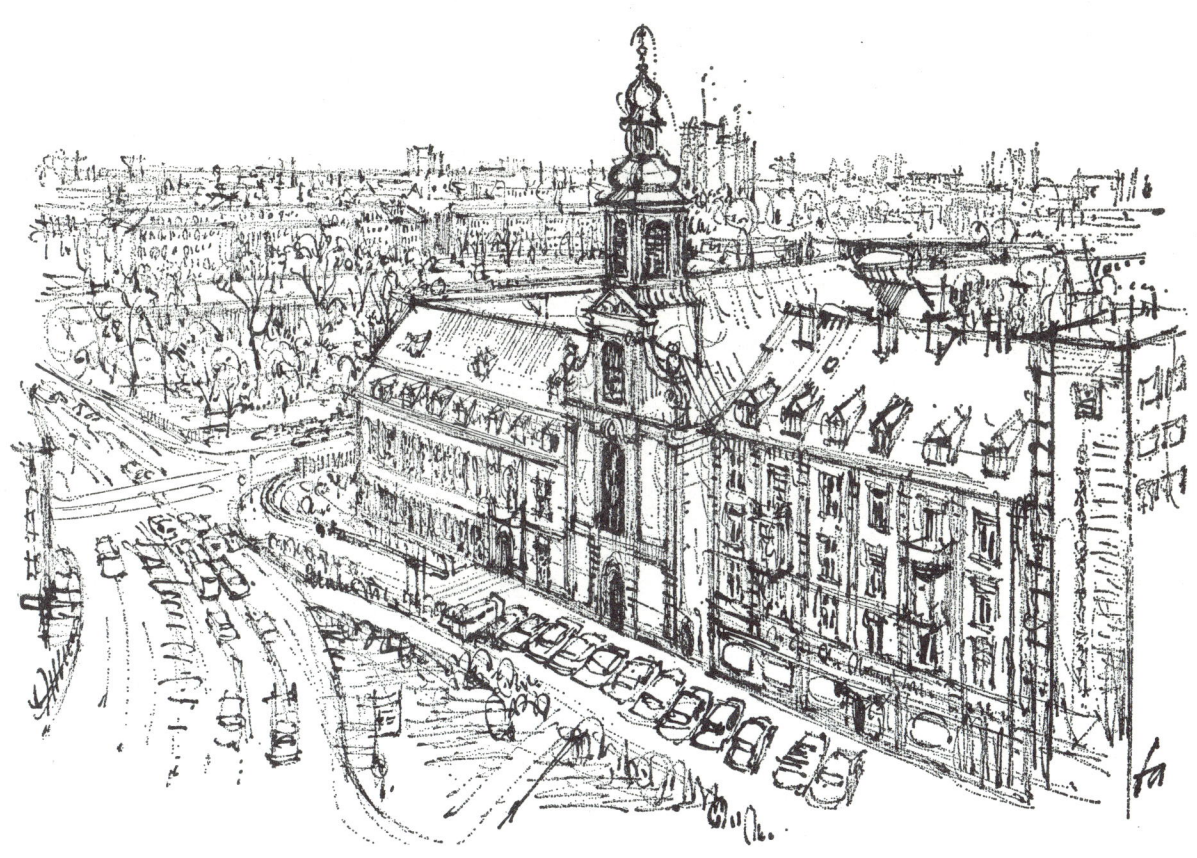

In der Brückenstraße

auffällige Klischee, wie man es in fast allen Frankfurter Wohnvierteln antrifft. Es gibt da die gleiche bunte Auswahl von Bäckereien, Blumengeschäften, Radioläden, Drogerien, Apotheken und Obstläden. Banken stehen auch dazwischen, eine Fahrschule wirbt um Zöglinge, und wie zum Protest ziehen wohlgenährte Brauereipferde einen Wagen mit Fässern daran vorbei. Man vermißt auffallende Gaststätten. Die Brückenstraße war doch einmal wegen ihrer Gasthöfe berühmt. Zwölf der ältesten gab es dort, und an allen wußten die Gäste etwas zu rühmen. Ein Lokal nur macht mit dem Namen auf bodenständige Originalität. Es nennt sich »Bricke Wach«.

Hinter der Schifferstraße unterbricht eine Grünanlage die Eintönigkeit. Unter herbstlich getupften Bäumen ist der freundliche Wirrwarr eines Kinderspielplatzes. Seine größte Anziehungskraft dürfte von einem ausgedienten Straßenbahnwagen ausgehen, einem ausgemachten Wrack. Allein die Kleinen dürfen nach Lust und Liebe nun dort herumklettern, wo sie sonst unter den mahnenden Augen der Erwachsenen still dasitzen sollen. Auf einer kleinen Grünfläche spielen Kinder italienischer Fremdarbeiter Fußball. Es geht so leidenschaftlich zu, als drehe es sich um die sportliche Ehre von Mailand oder Turin.

Die Brückenstraße kann als Verlängerung der Alten Brücke gelten, die ja einmal die Sachsenhäuser Brücke hieß. Als reiner Verkehrsweg wurde sie von den Frankfurtern allerdings nie angesehen. Die marschierten mit Bedacht über sie hin, freuten sich, daß sie vom Alter ein wenig krumm geworden war, und blieben immer wieder vor ihrem Wahrzeichen stehen, dem Standbild Karls des Großen und dem Kruzifix mit dem vergoldeten Hahn. Wie der große Karolinger auf die Brücke kam, darüber machten sie sich keine Gedanken. Von der Weltgeschichte war er hierzu nicht autorisiert. Die Brücke ist erst in der zweiten Hälfte des zwölften Jahrhunderts erbaut worden. Der Hahn gab Anlaß zu tragikomischen Geschichten. Er wurde 1914 von der abbruchreifen Brücke mit drei Schüssen im Bauch heruntergeholt. Seinen Vorgängern war es ebenfalls schlecht ergangen. Den ersten Hahn hatte ein Orkan ins Wasser geweht, den zweiten schossen die Schweden von seiner Stange, ein dritter versank 1739 samt der altersschwachen Brücke in den Fluten. Trotzdem glitzert wieder ein Brikkegickel auf einem Kruzifix. Besinnung löst er nicht aus, kein Herumkramen in der Vergangenheit. Es liegt vielleicht auch daran, daß die Brücke in ihrem Mittelstück zu einem schmucklosen Steg geworden ist.

Die Frankfurter hatten viele Sorgen um ihre Alte Brücke, die oft unter Hochwasser und Eisgang zu leiden hatte. Doch welch einen Aufruhr gab es, als es 1914 ihrem Sorgenkind ans Leben gehen sollte. Unter deftigen Stammtischbrüdern und sanften Kaffeekränzchendamen war die Empörung gleichgroß. Bevor die Brücke gesperrt wurde, schlugen manche Leute zum schmerzlichen Gedenken Stücke aus ihren Steinen. Dem Sieger über Sachsen, Langobarden und Bayern hängten sie ein Schild »Scheiden tut weh« um.

1944 erfolgte die sinnlose Sprengung der Brücke, unter einer fast gespenstischen Teilnahmslosigkeit der Bevölkerung. Dagegen gab es noch einmal eine für die Frankfurter typische Aufregung, als es 1965 um den Namen für die neue Brücke ging. Das Wort Kaiserbrücke kam den eingefleischten Paulskirchendemokraten nur schwer über die Zunge. Mit Reichsbrücke konnten sie sich auch nicht anfreunden. Carolusbrücke hielten sie für eine sprachliche Mißgeburt. So blieb es eben bei der Alten Brücke.

Es soll Sachsenhäuser gegeben haben, die mit einem Blick nach dem anderen Mainufer erklärten, da könnten sie nicht leben, als ob man hinter der Alten Brücke zu anderen Menschen käme. Tatsächlich finden sich in überlieferten Schilderungen von den Sachsenhäusern Behauptungen, die an Berichte von Afrikaforschern über seltsame Stämme im dunklen Erdteil erinnern. Sie bezeichnen alle Sachsenhäuser als rührend ehrlich bis zur Grobheit, als brav wie die Engel und dazu als restlos zuverlässig. Man konnte früher allerdings auf den Gedanken kommen, daß es hinter der Brücke wunderliche Dinge gab. Dort stand man vor den Häusern, die noch die Zunftzeichen der Schiffer und Fischer trugen. Das war eine Welt für sich, ein Stück Main auf dem Ufer. Vielleicht trifft man auch heute in der Brückenstraße noch diesen oder jenen, dem es nicht in den Kopf will, daß er auch aus Frankfurt ist. Doch diese Sachsenhäuser aus Herzensregung sind mittlerweile museumsreif geworden.

Die Straße war ein einziger großer Gasthof

Die Dreikönigsstraße, die Straße der Sachsenhäuser Handwerker

Sie hieß einmal die Oppenheimer Gasse. Ihren heutigen Namen hat sie von dem Wahrzeichen Sachsenhausens, der Dreikönigskirche. Viele Straßen Frankfurts haben im Lauf der Zeit ihr Gesicht verändert, doch wohl wenige so total wie die Dreikönigsstraße. Sie läßt kaum noch vermuten, welch eine Lebensfreude einmal in ihr umging. Noch zwei alte Häuser an einer Ecke erinnern an jene Tage. Ihre altersschwachen Wände sind rissig geworden. So wirkt es recht spaßig, an ihnen die naiven Brustbilder draller Russenmädchen zu sehen. Folklore wird versprochen, was schon der Name des Lokals, Balalaika, tut.

Ein nüchterner Bauklotz gegenüber ist die Zweckmäßigkeit selbst, wie die neue Häuserfront überhaupt den Eindruck macht, daß man hinter ihr wohnen will und sonst nichts. Durch eine Lücke der korrekten Reihe schaut man allerdings auf ein Bild gespenstischer Verwahrlosung. Die Fenster von zwei verlassenen Häusern haben sich in Höhlen verwandelt. Das ist an sich nicht ungewöhnlich, und doch muß der Anblick einen alten Frankfurter besonders erschüttern. Er hat diese heutigen Ruinen wohl schon in Heimatbüchern gesehen. Dort wurden sie wegen ihrer malerischen Schieferwände als Schmuckstücke hingestellt. An einem anderen Haus stimmen herausgerissene Briefkästen auch nicht heiter. Zur Ablenkung kann man auf der anderen Straßenseite lesen, daß ein Ristorante die Gäste mit Pizzas erfreuen will. Fast unerwartet schaut man auf das Deutschordenshaus. Dabei stellt man fest, wie rasch man doch die Straße hinter sich gelassen hat, in der einmal so viel Heiterkeit herrschte. Ein Parkplatz ist noch zu registrieren, ein kleines Häuschen mit einem enormen Schrägdach steht da. In der Dunkelheit könnte man wegen seiner seltsamen Form auf den Gedanken kommen, daß dort eine Hexe hause. Doch einem Kind von heute kann man damit nicht kommen. Außerdem ist das Häuschen sauber zurechtgemacht.

In der heutigen farblosen Umgebung wirkt ein alter Brunnen wie eine unerwartete Entdeckung. Zum mindesten versöhnt er manche, die die Straße von früher kennen. Die Drei Könige auf einer Säule stammen aus dem 14. Jahrhundert. Die Säule selbst ist 1781 dazugekommen, bis dahin gab es dort nur einen Ziehbrunnen. 1957 bekamen die Drei Könige ihren jetzigen Platz bei der Kirche. Um sie herum rankt sich auf dem Boden liebevolles Grün mit Blumen. Ein wenig nachdenklich kann es stimmen, daß der Name des Bildhauers nicht mehr bekannt ist, hingegen hat behördlicher Eifer der Nachwelt den Preis für sein Werk erhalten. 36 Gulden.

Die Straße war einmal ein einziger großer Gasthof. In ihren zahlreichen Wirtschaften herrschte die heute oft ein wenig zuviel gerühmte Alt-Frankfurter Gemütlichkeit. Sie waren keine Objekte für neugierige Frankfurt-Besucher und ihre Reisetagebücher. Da blieben die Einheimischen unter sich, was sie gelegentlich auch lautstark betonten. In den Wirtshäusern der Dreikönigsstraße trafen sich die Handwerker zum Frühschoppen. Zunftgenossen von der anderen Mainseite gesellten sich zu ihnen. Es ließ sich an den Stammtischen ja so herzhaft über die Stadtverwaltung herziehen, und wenn die Handwerksmeister bei dieser Frankfurter Lieblingsbeschäftigung waren, kümmerten sie sich wenig darum, wie oft die Glocken der Dreikönigskirche schlugen. Es gab auch sonst genug Stoff zum Räsonieren. So kamen die biederen Handwerker in Rage, weil sich auf der Niederräder Rennbahn Mannequins im sogenannten Hosenrock getummelt hatten. Im Vergleich mit der freien Aussicht, die heute in der fraglichen Gegend geboten wird, waren jene Vorführdamen geradezu gepanzert. Dennoch wirkte die Hosenrockaffäre in der Dreikönigsstraße alarmierender als die Kunststücke, die der Franzose Pégoud auf der Niederräder Bahn vollführte. Er flog erstmals mit den Rädern nach oben.

Die Reihe der beliebten Gasthöfe begann mit dem »Storch« an der Brückenstraße. Ein stadtbekanntes Lokal war auch der »Blaue Engel«. Besonders gemütlich ging es in der »Blum« zu. Das war allerdings wohl nicht die Ansicht eines Gastes, der nach allzu wackerem Zechen fest eingeschlafen war. Er merkte nicht einmal, daß ihm seine Genossen die Schuhe auszogen. Sie nagelten die Sohlen an den Fußboden und steckten die Füße wieder in die Schuhe. Als der Ärmste wieder zu sich kam, glaubte er, sein Verstand sei in Unordnung geraten. Über solche Scherze lachte hinterher ganz Sachsenhausen.

Das Haus Nummer 28 gehörte den Schencks. Es hatte eine besondere Anziehungskraft. Die ging von der Wirtin aus. Sie war überall in Frankfurt als die »Schee Fraa« bekannt. Die Stammgäste warteten geduldig hinter ihrem Glas, bis die Schöne einen Blick für sie übrighatte. Als kluge Geschäftsfrau verteilte sie derlei Gunstbezeugungen natürlich sparsam und mit Bedacht. Keiner sollte zu kurz kommen, so daß hinterher mehr als ein Gast aufgeräumt durch die nachtstille Dreikönigsstraße heimwanderte.

Ausgesprochen originell war das »Reffche«. Wer es zum erstenmal besuchte, mußte auf den Gedanken kommen, er sei durch ein Versehen in einen Abstellraum geraten. Aber diese Schlichtheit mit blankgeputzten Holztischen war so ganz nach dem Geschmack der Apfelweintrinker, sie betrachteten sich schon immer selbst als eine eigenwillige Gemeinde. Nicht vergessen darf die »Stoltzestubb« werden. Manche hielten es für eine Bürgerpflicht.

In der Dreikönigsstraße war auch der Gasthof zu den »Drei Rindern«. Den suchte Friedrich Schiller auf, als er sich mit seinem Freund Streicher auf der Flucht befand. Im zwanglosen Sachsenhausen fühlte er sich vor den duodezfürstlichen Häschern höchstwahrscheinlich sicher.

Die Kirche zu den Drei Königen wurde 1340 geweiht. Zwei Jahre später suchte sie eine Hochwasserkatastrophe heim. Das Gotteshaus überstand sie, auch seine Gemeinde kam heil davon, die Sachsenhäuser waren auf den Mühlberg geflüchtet. Auch über die Heimsuchungen durch den Dreißigjährigen Krieg kam die Dreikönigskirche einigermaßen glimpflich hinweg. Sie wurde zwar von einer mächtigen Steinkugel der Kaiserlichen getroffen, doch durch ein Wunder blieb das Geschoß in der Mauer stecken.

Die Dreikönigskirche sorgte für Aufregungen. 1934 bekamen einige Leute auf dem Eisernen Steg eine Gänsehaut. Sie sahen Menschen an der Kirchturmspitze herumkrabbeln. Die holten aus achtzig Meter Höhe den Hahn herunter, den hatten nämlich Wind und Wetter verbogen. 1962 kriegten es die Leute auf der Straße wieder mit der Angst. Diesmal ging es um die Uhr, deren Zifferblätter vergoldet werden sollten. Die wog immerhin sieben Zentner und mußte ein Stück durch völlige Fin-

In der Dreikönigsstraße

sternis geschleppt werden. Bis sie wieder oben hing, lebten einige in der Nachbarschaft außerhalb der Zeit.

Soviel sich auch in der Dreikönigsstraße geändert hat, manchmal scheint alles noch beim alten zu sein. Dann stehen dort zwei oder drei von den früheren Jahrgängen beieinander. Sie kramen in den Sachsenhäuser Familiengeschichten herum. Dabei tauchen immer wieder Namen wie Schauermann, Schenck, Klein, Strohecker, Würges, Fischer, Hoffmann und Burk auf. Was kommt nicht alles bei der Unterhaltung heraus, wer wen geheiratet oder auch sitzengelassen hat, was aus so manchem geworden ist. Auch der kleinste Schritt vom Pfad bürgerlicher Tugend wird dabei nicht vergessen, selbst wenn der Übeltäter schon geraume Zeit auf dem Sachsenhäuser Friedhof schlummert.

Kunst und Kram am Main

Von Museum zu Museum am Schaumainkai

Auf dem Schaumainkai hat man mitunter das Gefühl, meilenweit von dem durch die Hast geprägten Stadtkern entfernt zu sein. Betont geruhsam gehen Leute unten am Wasser spazieren. Die Menschen auf den Bänken zeigen noch weniger Eile, an einen Abschied von den Sonntagen und den leuchtenden Blumenbeeten scheinen sie nicht zu denken. Die Platanen, die wie aneinandergewachsen dastehen, sorgen auch für Beruhigung auf der höher gelegenen Straße, trotz des dort herrschenden starken Verkehrs. Daher waren die Leute auf das Wohlergehen der Bäume eifrig bedacht. Wehe, wenn ihre Stämme durch parkende Autos häßliche Flecken bekommen hatten! Dann trat allen voran der Bezirksverein Sachsenhausen in Aktion. Doch die Sorge seiner Mitglieder galt und gilt nicht nur den Platanen. Der Plan, in der in sich geschlossenen Straße ein Riesenhotel zu bauen, erschien ihnen als eine Entweihung.

Bis an den Main reichten einmal die Sachsenhäuser Weinberge. Dann entstanden dort anmutige Gärten und später eine Art von Landhäusern der vornehmen Frankfurter. Pavillons im Rokokostil unterstrichen die Abgeschiedenheit dieser Refugien. Auch heute bietet der Schaumainkai Gelegenheit zur Flucht aus dem Alltag, so auch in einer klassizistischen Villa nicht weit vom Eisernen Steg. Mit ihrem strahlendweißen Anstrich und ihren sattgrünen Fensterläden wirkt sie wie eine freundliche Einladung. Wer ihr folgt, hat im Hause Nummer 15 Gelegenheit, kostbare alte Möbel, kunstvolle Porzellane, kapriziöse Fayencen und wertvolle Bildteppiche zu bewundern. Der Frankfurter Apotheker Salzwedel ließ die Villa zu Beginn des neunzehnten Jahrhunderts bauen. Er war ein engagierter Botaniker, worauf heute noch seltene Bäume im Garten hindeuten. Nun erregte aber sein Anwesen die Aufmerksamkeit eines besonders geschäftstüchtigen Vertreters seiner Branche, des Bankiers Metzler. Der erwarb Haus und Garten. Immerhin besaß der »Metzlerfuchs«, wie er genannt wurde, eine liebenswerte Eigenschaft. Er war ein eifriger Kunstsammler und legte damit sozusagen den Grundstein zu dem Museum für Kunsthandwerk, das 1967 in das Haus einzog. Bis dahin hatte es allerdings noch bemerkenswerte Erlebnisse. Es empfing einen veritablen König, den zweiten Friedrich Wilhelm von Preußen. Das führte in seinen weiten Räumen zu Festlichkeiten. Es ist eine groteske Vorstellung, daß in dem lebensfrohen, gutbürgerlichen Frankfurt Bälle wie im steifen Potsdam stattfanden. Später nahmen Monarchen aus weniger erfreulichen Anlässen Verbindungen mit dem Haus am Schaumainkai auf. Kaiser Friedrich III., damals noch Kronprinz, suchte bei dem berühmten Frankfurter Arzt Moritz Schmidt-Metzler vergebens Rettung vor seiner tödlichen Halskrankheit. Seinem Sohn Wilhelm II. wurden hingegen von dem Spezialisten, der in der Villa am Schaumainkai wohnte, die Stimmbänder kuriert.

In einem anderen Haus am Schaumainkai erhält der Besucher nicht nur ein wenig Unterricht in der Kulturgeschichte. Er erlebt eine launige Konfrontation mit der guten alten Zeit der Post. Überrascht und gleichzeitig belustigt sieht er sich Wachsfiguren in Lebensgröße gegenüber. Die von ihnen verkörperten Postreiter und Postboten präsentieren sich in recht abenteuerlicher Montur, nicht einmal die Spieße zum Verscheuchen der Hunde fehlen. Alte Posthörner wecken romantische Vorstellungen. Ein mächtiger gußeiserner Briefkasten dürfte sich auf der Straße wie ein Denkmal ausgenommen haben. Pittoreske Posthausschilder, Steinzeittelefone, Postfahrräder, altväterliche Morseapparate, und an all dem hängen Geschichten. Viel Freude macht manche Sonderschau, von originellen Grußkarten zum Beispiel. An denen ist festzustellen, daß unsere Vorfahren einen gesunden Sinn für Humor hatten. Viel Pläsier machte eine Witzkarte, auf der zu lesen war »Rien ne va plus«, zu deutsch »Nichts geht mehr«. Der schelmische Blick einer darüber abgebildeten Schönen zeigt an, daß es dabei nicht nur um die Aussage des Croupiers beim Roulette ging.

Bei einer Wanderung auf dem Schaumainkai ist zu sehen, wie sehr man sich bemüht hat, den Charakter der Straße zu wahren. In die burgähnlichen Häuser aus den Gründerjahren sind zwar Institute, Versicherungen und andere Geschäftsunternehmen eingezogen, oft verraten aber nur relativ kleine Schilder, daß die weiträumigen Bürgerpaläste die Besitzer gewechselt haben. Neuentstandene Firmenniederlassungen ordnen sich mit ihren klaren Formen gut in die Straßenfront ein. Die gibt immer wieder den Blick in ausgedehnte Gärten frei. Nur wenige sind verwildert, ihre kunstvollen eisernen Tore vom Rost angefressen, ihre Gitter niedergebrochen. Im Herbst wird diese Wildnis recht malerisch wirken, falls es sie noch gibt. Auch die Rudergesellschaft Germania hat sich in der noblen Straße niedergelassen. Schließlich waren die Ruderer einmal die gesellschaftliche Elite unter den Sportsleuten. Auf ihren Bällen in den Frankfurter Logen ging es piekfein zu.

Ob Johann Friedrich Städel ahnen konnte, was er mit seiner Stiftung der heutigen Generation geschenkt hat? In der nach ihm genannten Gemäldegalerie kommt man zu einem besinnlichen Ausruhen, vor Bildern von Grünewald, Holbein, Dürer, Cranach, Velasquez, vor einem Rembrandt, und nicht anders beim Betrachten der brillanten französischen Impressionisten. Alte Damen erleben Feierstunden, wenn sie vor einem Thoma oder Trübner sitzen, als sei das genügend Beschäftigung für einen Tag. Schulklassen geben sich andächtig und artig. Wenn die Besucher der Galerie etwas über Städels Erben erfahren, werden sie dessen Menschenfreundlichkeit noch besser zu würdigen wissen. Die hielten nämlich nicht viel von der Großherzigkeit des Erblassers und fochten sein Testament an. Zehn Jahre dauerte der kostspielige Rechtsstreit, Gewinner waren die Frankfurter, die heute ihre Freude am Städel haben.

Vielleicht ist es das dämmrige Licht in den kleinen Sälen des Liebieghauses, das die Schönheit der dort ausgestellten Skulpturen so zeitlos erscheinen läßt. Auf spiegelglattem Boden wandert der Museumsbesucher an antiken ägyptischen, griechischen und römischen Bildwerken vorbei, an deutschen und französischen mittelalterlichen Madonnen. Eine sumerische Weihestatue und das sogenannte Bärbele von Ottenheim sind besonders geschätzte Stücke. Der große Garten mit einem Herkules und einem Steinportal wirkt durch seine Intimität wie ein zusätzlicher Ausstellungsraum. Baron von Liebieg vermachte seine Villa einmal der Stadt mit der Auflage, sie zu einem Museum werden zu lassen.

Ob man einem dringenden Bedürfnis abhelfen oder Frankfurt nach Amsterdamer und Pariser Vorbild ein Großstadtflair geben wollte? Jedenfalls entstand am Eisernen Steg ein Flohmarkt. Er offeriert in bestürzender Auswahl Pelzmäntel, Wasserschüsseln, Schulbücher, Kommodenheilige

Das Bundespostmuseum am Schaumainkai

und andere Gegenstände. Immerhin zieht der Flohmarkt mehr Interessenten an als das Liebieghaus mit seinen unvergänglichen Kunstwerten. An der Friedensbrücke bildet eine Arbeitergestalt des belgischen Bildhauers Meunier einen passenden Abschluß für die Straße der Museen. Auf der anderen Seite endet sie mit schablonierten Mietshäusern. An der Ecke befindet sich eine Wirtschaft. Man liest, daß es »Süßen« gibt und fühlt sich auf diese Weise voll in Sachsenhausen.

Wo die Frau Rauscher noch zu Hause ist

Die Klappergasse ist das Herzstück Sachsenhausens

Die Klappergasse bekommt mit der Zeit etwas Legendäres. Sie spielt die Rolle eines Naturschutz-parks für unverfälschte Sachsenhäuser Art. Dokumentiert wird das auch durch die Bronzefigur, die der Bildhauer Georg Krämer in der Gasse aufgestellt hat. Sie zeigt die dralle Frau Rauscher, die offenbar für alle echten Sachsenhäuserinnen auf ihrem Sockel stehen soll. Zur Volkstümlichkeit der Frau Rauscher hat ein Lied geführt, das über sie geschrieben worden ist. Er hat sich inzwischen zu einer Art Frankfurter Nationalhymne entwickelt, was nicht einer gewissen Peinlichkeit entbehrt. Die in dem Gassenhauer besungene Frau Rauscher dürfte mit den rundlichen und lebensfrohen Sachsenhäuserinnen, wie wir sie in der Klappergasse antreffen, wenig zu tun haben. Die »Rau-schern«, wie wir sie uns vorstellen, wandert gemütlich, mit einer überdimensionalen Kaffeetasse in der Hand, durch ihre »Häkel-Deckchen-Wohnung«. Wenn sie mit ihrer nicht unbeträchtlichen Kehrseite beim Apfelwein sitzt, unterhält sie mit ihren treffenden Redensarten den ganzen Tisch. Sie besitzt auf keinen Fall einen Mann, der ihr, wie es in dem Poem heißt, eine »Beule ans Ei« schlägt. Derlei Familienverhältnisse scheinen eher in ein schnapsverliebtes Hafenviertel zu passen als in die gemütvolle Klappergasse.

Die Sachsenhausen-Touristen möchten bei ihrem Klappergassenbummel ein Naturvolk zu sehen bekommen, dem man so gern belustigende Grobheit und ein butterweiches Herz zugleich beschei-nigt. Gewiß, die Sachsenhäuser sind ein wenig ungehobelt, von ihren noblen Altvordern, die allein um das Deutschordenshaus herum sechs Ritterhöfe besaßen, haben sie wenig übernommen. Aller-dings vertrugen sie sich mit den hohen Herren auch nicht gut. So wehrten sie sich erbittert gegen Kurfürsten, Herzöge und Landgrafen, von denen sie belagert wurden, zumal einer der Hochade-ligen ihr idyllisches Fleckchen Erde als einen »Saustall« bezeichnet hatte. Nicht erwiesen ist, ob die Erbitterung über diese Injurie dem Bürger Pfeilstücker beim Richten eines Geschosses die Hand führte. Jedenfalls riß eine Kugel den Herzog Georg von Mecklenburg, der sich gerade höchst taten-froh aufs Pferd geschwungen hatte, in zwei Stücke.

Sachsenhausen wird gelegentlich als ein großes Wirtshaus betrachtet, die Klappergasse als dessen gemütlichstes Gastzimmer. Doch das sollte nicht zu der Ansicht führen, daß die Sachsenhäuser ihre Tage gewohnheitsmäßig in Kneipen verbringen. Das evangelische Predigtseminar verlangte aller-dings 1717 in einer Bittschrift an den Senat, daß die Sachsenhäuser behördlicherseits von ihrem übermäßigen Fressen, Saufen und Schwelgen kuriert werden müßten. Nun waren ihnen immerhin mildernde Umstände zuzubilligen. Was konnten sie schließlich dafür, wenn auf ihrem Mühlberg der Wein recht gut gedieh? Noch weniger waren sie daran schuld, daß sich die ersten Bierbrauer, die aus Belgien kamen, ausgerechnet in ihrem Stadtteil niederließen. Frau Rat Goethe wußte übrigens die von der Kirchenbehörde wegen ihrer Völlerei gerügten Sachsenhäuser zu loben. Die »Zauber-flöte«, so erwähnte sie, sei achtzehnmal gespielt worden und immer habe man viele Sachsenhäuser

Gesichter im Theater gesehen. Nun litt freilich Goethes Mutter nicht gerade an einem unwiderstehlichen Drang, den Leuten Gutes nachzusagen.

Die Lokale in der Klappergasse sind nicht nur in Frankfurt Gesprächsstoff. Manche Fremden gehen zu ihnen wie zu einer Völkerschau. Wenn sie dabei einen Brezelverkäufer mit seinem seidenen Käppchen entdecken, glauben sie, einer abenteuerlichen Folklore auf der Spur zu sein. Es gibt indessen in der Klappergasse auch Lokale, die mit dem billigen »Handkäs-Bembel-Rummel« nichts zu tun haben. Zu denen gehören die »Drei Steuber« an der Ecke der Dreieichstraße. Die Wirtschaft wirkte immer wie ein Museum, was nicht nur die Einrichtung, sondern auch die Gäste betraf. Jedenfalls machte die Zeit an der Ecke der Dreieichstraße nur mühsame Anstalten, sich von der Stelle zu rühren. Dort wurde womöglich gelegentlich noch von einer schändlichen Entführung gesprochen, wenn ein Rechtsmainischer eine Sachsenhäuserin auf einem Standesamt jenseits der Alten Brücke zum Jawort gebracht hatte.

Die »Drohdestifte«, auf Dudendeutsch Drahtstifte, sind 1969 geschlossen worden. Verschwunden ist damit auch ihr kleines Wirtsgärtchen, in dem man sich unter ein paar Bäumen wie in einer Sommerfrische vorkam. Auch dort sahen die Stammgäste jedem an der Nase an, ob er von Rechts wegen hierhergehörte. Waterkantbewohner oder Älpler, die nach dem ersten Schluck Apfelwein äußerten, die Frankfurter müßten absonderliche Geschmacksnerven haben, waren in den »Drohdestiften« ein Ärgernis.

Von der Klappergasse aus führt auch ein Weg ins »Lorsbacher Tal«. Wenn man sich über die Frankfurter einmal restlos wundern möchte, sollte man das Lokal an den Vormittagsstunden besuchen. Dann stellt man fest, daß die Gäste allesamt verwandt oder verschwägert sein müssen, zum mindesten seit Jahren miteinander befreundet. Dabei sitzen viele zum erstenmal miteinander am Tisch. Im übrigen dürften auf ihrem Kalender nur Festtage stehen. Nur wenn sie zwischendurch trinken, lachen sie nicht. Am anderen Ende der Gasse ist ein Eingang zu »Dauth-Schneider«. Das Lokal hieß einmal der Heiratsmarkt. Man kann sich in der Tat vorstellen, daß ein Mann unter dem Einfluß der Hochstimmung, die da herrscht, zu folgenschweren Erklärungen verführt wird. Auf der anderen Seite möchte man nicht annehmen, daß die dortigen Pärchen ihre Liebesfreuden von amtlichen Beurkundungen abhängig machen.

In der Klappergasse hat sich viel geändert. Mit der Bodega El Flamenco ist die Exotik in die Gegend eingezogen. Eine Jazztrompete am Eingang eines Lokals brachte auch einen neuen Ton hierher. »Alt Prag« im dicksten Sachsenhausen ist ebenfalls des Staunens wert, wie auch das Wort Diskothek hier nicht gewachsen ist, von einem Hinweis auf Appartement-Zweisamkeit ganz zu schweigen.

Nun gibt es aber in der Klappergasse nicht nur Lokale, da wohnen auch Menschen. Die lassen keinen Zweifel darüber aufkommen, daß die Gasse ihnen gehört, und nicht den Wirtshausgängern. Mit allen Leuten in der Gasse kennen sie sich aus, sie wissen, wer da alles gewohnt hat und was aus diesem oder jenem geworden ist. Ob einer hier großgeworden oder zugezogen ist, haben sie gut notiert. Sie kennen sich besonders mit den Häusern aus, die das Viertel zum Schaufenster machen. In Sachsenhausen standen ja schon immer die kleinsten Häuschen von Frankfurt. Die mit den Nummern 28, 30, 32, 34 sind besondere Raritäten der Gasse. Vorgeneigt, wie sie dastehen, scheinen sie sich aneinander festzuhalten. Das Haus Nummer 16 trägt die Jahreszahl 1786.

In der Klappergasse

Wenn die Klappergaßtouristen in die Ecken hineinschauten, stellten sie womöglich fest, daß hier und da die Wände rissig waren, der Putz herunterfiel, die Treppen wackelten und ein Höfchen einer Rumpelkammer glich. Das mochte sie zu einem Kopfschütteln veranlassen. Sie könnten allerdings von den alten Frauen, die in ihre Schneckenhäuser hineinkriechen, erfahren, daß die in einem Nordweststadtturmbau todunglücklich wären. Da könnten sie sich mit ihren Nachbarn nicht immer wieder die alten Geschichten erzählen. Sie müßten den so aufmunternden Tratsch vermissen, der durch die Gasse geht. Der Blick in die nahen Fenster rundum würde ihnen fehlen, und was kann man dabei nicht alles fabulieren.

In einem Viertel, das lange so in sich gekehrt war, fehlt es natürlich nicht an Originalen. Da gab es einen Burschen, der »Schaah« hieß. Er hatte am Ende der Klappergasse einen Gemüsestand. Er sah so urkomisch aus, daß sich ein Akademieprofessor veranlaßt sah, ein Modell von ihm anzufertigen. Das fand allerdings keineswegs die Gnade des seltsamen Kauzes. Die Füße seien nicht ähnlich, hatte er zu bemängeln. Die Quetsche-Lilli, von der mancherlei Geschichten umgingen, soll es heute noch geben.

Das Haus mit der Nummer 11 ist eine Art Gedenkstätte, ein wichtiges Stück aus dem Sachsenhäuser Bilderbogen. Dort kommen die Brezeln her, die dem Gast beim Apfelwein immer wieder offeriert werden. Auf den Brezelkörben steht meist der Name Käss. So hieß der Lieferant, er hat seinen Betrieb im Haus 11 vor zehn Jahren abgegeben. Nach wie vor aber herrscht dort Spitzweg-Milieu. Das beginnt schon mit dem Schaufenster, in dem die Spezialitäten des Backhauses zu bewundern sind. Die Klappergasse mit ihren malerischen Ecken ist als verspielte Kleinkulisse in Pappe zu sehen.

Die Backstube selbst hat etwas Altväterliches. Der Besucher wird gebührend darauf aufmerksam gemacht, daß die Brezeln mit den Händen gemacht werden, was man übrigens den Mienen der Teigkünstler ansehen kann. Im Kässhaus nennt man die Männer, die mit den Körben die Runde machen, die Brezelbuben. Manche von den »Buben« haben graue Haare, doch es klingt so wohlmeinend familiär.

Der alte Brunnen ist wieder in die Klappergasse zurückgekommen. Er steht ein bißchen verlassen da, als habe er sich in die veränderte Umgebung noch nicht eingewöhnt. Doch für die Gassenbewohner ist er Zeuge aus einer Zeit, da bei ihnen noch unentdecktes Land war. Inzwischen haben sich konjunkturbewußte Interessenten der Klappergasse angenommen. Deren Bewohner fragen sich daher manchmal, wie das weitergehen soll. Werden die letzten musealen Wirtschaften, die krummen Häuschen, die Winkel mit ihren Heimlichkeiten nur noch Werbematerial für den Reiseverkehr abgeben? Oder dürfen sich die Frankfurter weiterhin wieder einmal richtig zu Hause fühlen, wenn sie die Klappergasse besuchen?

Der Kuhhirtenturm

Hindemiths Frankfurter Arbeitsplatz

In Sachsenhausen – so hört man mitunter – herrsche noch die gute alte Frankfurter Fröhlichkeit. Besonders in den Gassen mit den vielen gemütlichen Wirtschaften. Daher paßt er eigentlich nicht recht in das heitere Bild auf der anderen Seite des Mains. Er sieht so nüchtern aus, in der Dunkelheit fast ein wenig finster: der Kuhhirtenturm nahe dem Sachsenhäuser Ufer.

Der Kuhhirtenturm

Der Turm gehörte einmal zu den Festungswerken, und das wäre ihm fast zum Verhängnis geworden. Die Städteplaner wollten in Frankfurt zu Beginn des neunzehnten Jahrhunderts wieder einmal gründlich aufräumen, und so wurde beschlossen, die alten Festungsanlagen zu schleifen. Die Stützpunkte, so wurde argumentiert, müßten in einiger Entfernung vor der Stadt liegen. Ausgerechnet vom Mühlberg her, wo es doch von jeher im Frühling so schön und friedlich blühte, drohe Gefahr durch den Feind.

Die städtischen Strategen machten ganze Arbeit. Um ein Haar wäre ihnen auch der Eschenheimer Turm zum Opfer gefallen. Dem wurde jedoch unerwartete Hilfe zuteil; aber nicht etwa von den Frankfurter Bürgern, obwohl die doch bereits eine Art Revolution machten, als man ihnen den Bierpreis erhöhte. Ein Ausländer machte sich zum Sprecher für den imposanten Wehrturm: Der französische Gesandte Graf Hédouville. Er wurde von einigen Frankfurter Schöffen unterstützt; jedenfalls wurde der Eschenheimer Turm auf diese Weise gerettet.

Im Laufe der weiteren städtebaulichen Veränderungen sollte auch der Kuhhirtenturm daran glauben, denn er gehörte ja auch zu den Festungswerken. Aber auch ihm wurde unerwartete Hilfe zuteil. Die beiden historischen Vereine, Architekten und Ingenieure setzten sich für ihn ein, und sogar die Künstlerklubs, obwohl sich beim besten Willen nicht behaupten läßt, der Turm sei ein Kunstwerk. Er hieß einmal der Elefant. Ein passenderer Name konnte wohl für den massigen Zweckbau nicht erfunden werden.

So manches reizvolle Stück Frankfurt ging bei dem Abbau der Befestigungen verloren, so auch der Brückenturm am Fischerpförtchen und auch jener am Holzpförtchen. Mit seinen verschnörkelten Türmchen und Eckchen machte er den Eindruck, als stamme er aus einer Spielzeugschachtel. Die Frankfurter taten überdies alles, damit man ihre Türme bewundern sollte. Vor allem die am Mainufer. Viele Fremde kamen ja zu Schiff an und sollten sogleich einen guten Eindruck von der Stadt gewinnen. Deshalb wurden die Steinmetzarbeiten an den Türmen rot angestrichen, die Torflügel in Weiß, Blau und Schwarz angemalt. Dazu kam der vergoldete Stadtadler. Einen martialischen Eindruck erzielte die Frankfurter Wehr bei dieser Buntheit allerdings nicht.

In den »goldenen zwanziger Jahren« wurde öfters von dem Kuhhirtenturm geredet. Das Interesse galt allerdings weniger dem alten Bauwerk als dem Künstler, der sich hinter seinen dicken Mauern einquartiert hatte: Es war der Komponist Paul Hindemith.

Das Affentor in Sachsenhausen

Der Name stammt vom Haus »Zum Affen«

Die alten Frankfurter Tore sind verschwunden. Was die Zeit von ihnen noch übriggelassen hatte, ist im letzten Krieg vernichtet worden. Nur die Wachhäuser des Affentores in Sachsenhausen stehen noch. Man war sich nie ganz darüber einig, woher der Name des Tores stammt. Viele behaupteten, mit Affen hätte er nichts zu tun. Er käme von dem Wort Ave, also aus dem Kirchenlatein. Das stimmt aber nicht. Das Tor heißt nach einem Eckhaus »Zum Affen«, das einmal in seiner Nähe stand.

Die Frankfurter hatten nie große kriegerische Ambitionen. Zum Beweis hierfür ließen sie ihre Festungswerke schleifen. Zu ihnen gehörten auch die Tore, als letztes von ihnen verschwand im Jahre 1809 das Affentor. Geblieben sind am Affentorplatz die zwei Gebäude mit den drei Stockwerken. Sie dienten den Frankfurter Wachsoldaten als Unterkunft. Auch als Zollstation wurden sie später verwendet. Vorübergehend waren sie Polizeirevier und einmal sogar Gastwirtschaft.

Der Affentorplatz

Die beiden Wachhäuser waren durch schwarzgestrichene Eisengitter miteinander verbunden, die Spitzen der Eisenstäbe hatte man vergoldet. Im Umkreis dieser Wachhäuser herrschte im vergangenen Jahrhundert ein idyllisches Treiben. Modisch gekleidete Herren und Damen promenierten dort, man sah Reiter nach den Gutshöfen vor der Stadt galoppieren, Postkutschen rollten vorüber, oder einen jungen Mann auf einer Draisine, der mit seinem »hochmodernen« Vehikel Aufsehen erregen wollte.

Das Affentor wurde, wie auch die anderen Frankfurter Tore, bei Sonnenuntergang geschlossen. Die Sperrstunde mußte alle zehn Tage, der Jahreszeit entsprechend, von neuem festgesetzt werden. Dabei ging es recht umständlich zu, selbst namhafte Astronomen wurden bemüht. Wer nach der Sperrstunde in die Stadt wollte, mußte einen Leibzoll bezahlen. Das galt aber nicht für die Herbsttage, die Zeit der Weinlese. An diesen Tagen entfiel der »Leibbatze«, der den Frankfurtern sowieso nicht behagte.

Zur Weinlese ging es in Frankfurt hoch her. Mit Lärm und Ausgelassenheit wurde der Erntesegen gefeiert. Man schoß mit Flinten und Pistolen, Raketen, Fröschen. Schwärmer und Feuerrädchen knallten. Mitunter mußte die Stadtverwaltung dafür sorgen, daß der Spaß nicht ausartete. Am Affentor war es besonders lebhaft, weil ja auf dem nahen Mühlberg Wingert an Wingert lag. Mit Kind und Kegel zog man zur Höhe hinauf und blieb dort die halbe Nacht. Die Heimkehr durch das Affentor war dementsprechend turbulent.

Man fing ja auch in Sachsenhausen schon früh mit dem Feiern an. Die Kaufleute schlossen vorzeitig ihre Kontore, und die Handwerker ihre Werkstätten. Als Frankfurt seine Bedeutung als Weinstadt verlor, kamen die fröhlichen Herbsttage in Vergessenheit.

Wo Wilderer den Götz zitierten

Die Geschichte des Frankfurter Stadtwaldes

Es ist zu viel behauptet, daß sich der Frankfurter Stadtwald einmal bis nach Aschaffenburg, zur Bergstraße und zum Rhein hingezogen hätte. Gewiß, hinter Frankfurt lag ein mächtiges zusammenhängendes Waldgebiet. Nur gehörte es nicht den Frankfurtern, sondern dem Kaiser. Allerdings hatten auch damals die höchsten Herren Schulden. Es kam ihnen sehr gelegen, daß sie dafür ihren Wald verpfänden konnten. Siegfried von Paradies, ein geschäftstüchtiger Edelmann, verstand es, sich in den Besitz entsprechender Pfandscheine zu setzen, und so kam Frankfurt zu seinem Stadtwald.

Aber auch die Frankfurter trieben Handel mit ihrem Waldbesitz. Sie hatten ja genug davon. Bis an die Häuser von Sachsenhausen, die damals noch gut zu zählen waren, erstreckte sich der Wald. Ein

Unterschweinstiege im Winter

157

Teil des Forstes wurde Bürgern verkauft, die dort Wein anbauen wollten. Weinberge mitten im Stadtwald, das ist heute kaum vorstellbar. Auch der wohlhabende S. M. Bethmann erwarb eine Waldparzelle. Er machte einen Park daraus und gab ihm den liebenswürdigen Namen »die Louisa«.

Der Frankfurter Stadtwald besaß schon immer mehr oder weniger verborgene Sehenswürdigkeiten. So eine Anzahl von Hünengräbern, etwas für Leute, die an Feiertagen den Spuren der Urzeit nachgingen. Anders war es mit einem Gedenkstein für Theodor Körner. Vor ihm mag mancher geschichtsbewußte Frankfurter Familienvater seinen Kindern einen belehrenden Vortrag gehalten haben. Auch der Gedenkstein für Friedrich Schiller war schon immer etwas für nachdenkliche Waldläufer. Er soll daran erinnern, daß der Dichter an jener Stelle vor Entkräftung zusammenbrach, als er und sein Freund Streicher auf der Flucht aus Stuttgart waren.

Große Anziehung auf die Frankfurter hatten schon immer die Forsthäuser im Stadtwald. So die Obere und Untere Schweinstiege. Man stellt sich bei den beiden Namen womöglich Rudel von Wildschweinen vor, die in Mondnächten durch den Wald hetzen. Allein die Bezeichnung für die beliebten Ausflugsorte hat eine weit weniger romantische Ursache. Die Bauern aus den umliegenden Ortschaften brachten früher ihre Schweine zur Eichelmast an die zwei Plätze.

Das Oberforsthaus war für Generationen von Frankfurtern ein beliebtes Ausflugsziel. Sie saßen wie eine große Familie im Garten unter Bäumen, erholten sich von der Arbeitswoche oder schwätzten über die Leute an den anderen Tischen. Lange herrschte beschauliche Ruhe um Haus und Garten. Dann entstand die Pferderennbahn in der Nachbarschaft. An den Renntagen zeigte sich im Umkreis die »Große Welt«, wo es immer so gutbürgerlich und bescheiden hergegangen war. Der Bycicle Club legte gar eine Radrennbahn in der Nähe an. Stillvergnügten Wanderern klang das laute Toben begeisterter Radsportfreunde in die Ohren. Darin scheint so etwas wie ein Gesetz zu liegen. Heute ziehen die Fußballfans zu den Spielen im Stadion, ihre Begeisterung über einen Torerfolg hallt weit durch den Stadtwald.

Der Frankfurter Stadtwald hat mancherlei erlebt. Ganz abgesehen von den Spaziergängen verliebter Paare. So wurde der sogenannte »Isenburger Watz«, ein wegen seiner Grobheit bekanntes Altfrankfurter Original, da als Findelkind zwischen Sträuchern entdeckt. Im Stadtwald ereignete sich auch eine der amüsantesten Geschichten, über die je in Frankfurt gelacht worden ist. Sie trug sich in einer Zeit zu, als hessisches Gebiet noch an die Frankfurter Gemarkung grenzte. Damals pflegten sich die Wilderer vor den Frankfurter Förstern auf hessischen Boden abzusetzen. Manche mit höhnischen Gesten, weil sie da sicher waren. Einer trieb es besonders weit. Er ließ die Hose fallen und richtete an den Frankfurter Forstmann die Aufforderung aus dem »Götz«. Der jagte ihm daraufhin eine Schrotladung in das Objekt der unfreundlichen Aufforderung. Dazu sagte er: »Da wunnerste dich, was ich für e lang Zung hab!«

Als Napoleon in Höchst schlief

Schnupftabak war der Anlaß für den Bau des Bolongaropalastes

Der Bolongaropalast in Höchst verdankt seine Existenz dem Schnupftabak. Es gehörte einmal zum guten Ton, eine tüchtige Prise zu nehmen. Auch die galanten Damen des Rokokos schreckten davor nicht zurück, wenn ihnen ein Kavalier seine goldene Schnupftabaksdose vor die gepuderte Nase hielt. Ein wacher Italiener erkannte, daß man an dieser Passion der noblen Leute reich werden konnte. Er hieß Joseph Maria Markus Bolongaro. Zusammen mit seinen zwei Brüdern gründete er ein Tabakgeschäft in Antwerpen, später in Amsterdam.

Bolongaro besuchte auch die Frankfurter Messen. Dabei stellte er fest, daß Frankfurt ein Handelsplatz nach seinem Geschmack war. Geschäfte mit Tabak, so dachte er, werden da florieren. Nun waren aber die Frankfurter Kaufleute nicht davon erbaut, sich eine Konkurrenz auf den Hals zu laden, und gar eine von der Art Bolongaros. Sie machten dem Italiener Schwierigkeiten. Aber der brachte es fertig, daß sich sogar die Töchter des Kaisers beim Frankfurter Bürgermeister für ihn verwendeten. In Frankfurt hatte es Bolongaro damit geschafft, aber das genügte ihm nicht.

Wasserfront des Bolongaropalastes in Höchst

159

Es gelang dem geschickten Tabakhändler, die Aufmerksamkeit des Mainzer Kurfürsten Emmerich Joseph auf sich zu lenken. Der hatte damals mit Höchst, das zu seinem Bistum gehörte, große Pläne. Bolongaro kam ihm daher wie gerufen. Dem Italiener wurde an der Nidda ein ausgedehntes Gelände für eine Handelsniederlassung zur Verfügung gestellt. Da es Bolongaros Art war, alles in großem Stil zu betreiben, steckte er zwei Millionen Gulden in den Bau, damals eine märchenhafte Summe. Der glich daher auch der Residenz eines Fürsten, als er 1774 fertig war. Schließlich waren die Bolongaros ja auch königliche Kaufleute im wahren Sinn des Wortes. Sie herrschten von Höchst aus über den ganzen europäischen Tabakmarkt.

Ein Kurmainzer Festungsbaumeister mit Namen Schneider war der Schöpfer des Palastes. Daneben wachte der Kurfürst selbst über die Arbeiten. Er ließ in seinen eigenen Wagen Steine fahren, die in der Ruine des Höchster Schlosses gebrochen worden war. Für alles wurde gesorgt, auf das ein mächtiger Handelsherr Wert legte. Im Mittelbau residierte er selbst. Von dort konnte er alle Geschäftsräume überwachen. Für den Empfang von Handelspartnern gab es repräsentative Räumlichkeiten. Im Haus war auch die gesamte Dienerschaft untergebracht. Der Palast hatte sogar seine eigene Kapelle. Er besaß auch einen Garten mit Terrassen, Pavillons, Springbrunnen und originellen Skulpturen. Von dort hatte man einen reizvollen Blick auf das damals noch so idyllische Maintal.

Bei so reichen Leuten, wie es die Bolongaros waren, gab es natürlich viel Besuch, zumal in den Kellern die edelsten Weine lagerten. Auch Gäste von hohem Rang fanden sich ein. So schlief Napoleon in der Nacht zum 2. November 1813 in dem Palast, vermutlich nicht allzu gut, denn er war nach der von ihm verlorenen Schlacht bei Leipzig auf der Flucht. Der Zufall wollte es, daß sein hartnäckiger Gegner Blücher, am 12. November in den gleichen Räumen quartierte.

Verzeichnis der Abbildungen

Sachregister

Personenregister